KHAMISSA,
MDAOUROUCH, ANNOUNA

GOUVERNEMENT GÉNÉRAL DE L'ALGÉRIE

KHAMISSA, MDAOUROUCH, ANNOUNA

Fouilles exécutées
par le Service des Monuments Historiques de l'Algérie

Seconde Partie

MDAOUROUCH

TEXTE EXPLICATIF	PLANS ET VUES
PAR	PAR
Stéphane GSELL	Charles Albert JOLY

ALGER
JULES CARBONEL
Imprimeur-Libraire-Éditeur
Place du Gouvernement

PARIS
E. DE BOCCARD
Éditeur
1, Rue de Médicis

1922

CHAPITRE PREMIER

Histoire de Madaure

I

Mdaourouch est à quelques lieues au Sud de Souk Arrhas [1], à une altitude de plus de 900 mètres [2], vers l'extrémité méridionale d'une contrée montagneuse, que parcourent la Medjerda et les affluents de ce fleuve [3]. Tout près de là, dans la direction du Midi, s'ouvre un pays de steppes, vastes plaines monotones, envahies par l'alfa. D'un côté, c'est le domaine des agriculteurs ; de l'autre, celui des pasteurs. Apulée de Madaure pouvait se qualifier de « semi-Numide et semi-Gétule » [4] : sa patrie était, en effet, comme il le disait, « aux confins de la Numidie et de la Gétulie » [5] ; la limite assignée sous l'Empire à la peuplade gétule des *Musulamii* touchait presque Madaure [6].

La ville antique occupait un terrain ondulé, s'abaissant doucement vers le Nord-Ouest. A l'Ouest et au Sud, s'élèvent des mamelons, le Koudiat Dra Douamis et le Koudiat Ghirane ; au Levant, une longue croupe, qui s'allonge vers le Sud-Est et dont l'extrémité septentrionale est couronnée par la chapelle d'un saint musulman, la koubba de Sidi Mohammed Seddik [7]. Une source, l'Aïn Mdaourouch, naît au pied de cette koubba ; une autre,

---

(1) A 24 kilomètres à vol d'oiseau. — A 5 kil. Sud-Sud-Est de la gare de Dréa (ligne de Souk Arrhas à Tébessa) et à 8 kil. Est de la gare de Montesquieu, ou Mdaourouch (sur la même ligne).

(2) 928 mètres au forum.

(3) Au Nord de Mdaourouch, coule l'Oued el Hammam, appelé plus bas Oued Chouk, Oued Mengoub, qui va rejoindre la Medjerda à peu de distance de Souk Arrhas.

(4) *Apologie*, 24 : « Seminumidam et Semigaetulum ».

(5) *Ibid.* : « sitam Numidiae et Gaetuliae in ipso confinio ».

(6) V. *infra*, p. 18.

(7) La carte au 200.000ᵉ écrit Sⁱ Mohammed Chérif.

l'Aïn Bou Sebaa, sort de terre au Sud des ruines. En arrière, du Sud-Est au Sud-Ouest, la vue est coupée par un dos de hauteurs (appelées Djebel Meharess, Djebel Bou Sessou, Djebel Dra Snoubeur, ou Djebel Mdaourouch), qui portent des forêts de pins, de chênes verts et de genévriers, et dont la pierre calcaire a fourni aux Romains leurs matériaux de construction. Vers l'Ouest et le Nord, une plaine assez étendue, au delà de laquelle s'étagent des contours sinueux de collines, puis de montagnes. Ce paysage, aux lignes larges et douces, n'a pas l'austère grandeur du site d'Announa, mais n'est point dépourvu de charme.

Avant les fouilles entreprises il y a une quinzaine d'années, deux monuments dominaient le champ des ruines : la forteresse, témoin majestueux de la puissance byzantine, et un beau mausolée romain. Au Nord, quelques massifs de maçonnerie et la courbe supérieure de deux grands arceaux révélaient des thermes. Partout ailleurs, des pierres de taille, les unes éparses, les autres émergeant toutes droites et formant des alignements qui représentaient des squelettes de murs : vestiges de bâtiments dont beaucoup appartenaient à une très basse époque, car, sur ce terrain en pente, le sol romain avait été enseveli sous une couche de dépôts épaisse d'au moins deux mètres et atteignant, par endroits, cinq mètres de profondeur. L'ensemble était très confus et, à part les thermes et la forteresse, on ne voyait guère où porter la pioche.

Un plan du site de Mdaourouch fut dressé, en 1850, sous la direction du capitaine A. Karth [1]. Depuis 1843 environ jusque vers la fin du XIXe siècle, des archéologues d'occasion ou de métier copièrent des inscriptions, soit sur l'emplacement de la ville, soit dans les cimetières. Aux 21 textes que Léon Renier put insérer dans son ouvrage [2], vinrent se joindre beaucoup d'autres, recueillis surtout par Héron de Villefosse (en 1873), Wilmanns (en 1875), Masqueray (en 1877), Gsell (en 1891) et Toussaint (en 1896) [3]. En 1866, Chabassière publia de fort médiocres relevés de la

---

(1) Carte du pays compris entre Bône, Guelma et Mdaourouch ; carton à la feuille n° 7 (conf. *Khamissa*, p. 7). Ce plan a été reproduit par Robert, *Rec. de Constantine*, XXXIII, 1899, planche à la p. 256.

(2) *Inscriptions romaines de l'Algérie* (recueil publié de 1855 à 1858), n°s 2923-2941, 4256-7 : d'après divers officiers et l'abbé Godard ; Renier n'a pas visité Mdaourouch. — Voir aussi Renier, *Rev. archéologique*, 1857, p. 129 et suiv., où ce savant montre que Madaure doit être identifiée avec les ruines de Mdaourouch.

(3) On trouvera les références dans Gsell, *Inscriptions latines de l'Algérie*, I, p. 181.

forteresse, des thermes et du mausolée [1]. La forteresse fut étudiée en 1892 par M. Diehl [2]. On peut aussi consulter, pour l'état des ruines de Madaure antérieurement aux fouilles, les *Monuments antiques de l'Algérie*, de Stéphane Gsell [3], et, pour l'ensemble de nos connaissances sur la ville antique, l'*Atlas archéologique de l'Algérie*, du même auteur [4].

En 1905, le Service des Monuments historiques a ouvert à Mdaourouch un chantier, placé, comme ceux de Khamissa et d'Announa, sous la direction de M. Joly. Depuis lors, les fouilles se sont poursuivies régulièrement (sauf une interruption en 1909-1910) [5]. Elles ont dégagé les deux établissements de bains situés au Nord des ruines ; deux longues rues, dont l'une passe à proximité de ces thermes et dont la seconde est à peu près perpendiculaire à la première ; le forum et le théâtre ; la forteresse byzantine ; une église, en dehors de la ville, au Nord—Ouest ; plusieurs maisons importantes, le long des deux grandes rues ; une bonne partie du quartier qui s'étend entre ces rues et la forteresse, et dans lequel on a exhumé une autre église. Nous n'étudierons dans ce fascicule que le forum, le théâtre, les thermes, les églises et la forteresse.

On connaît aujourd'hui plus de 800 textes épigraphiques de Madaure ; ils sont réunis dans le tome I des *Inscriptions latines de l'Algérie* [6]. La plupart des statues et un certain nombre d'inscriptions découvertes par M. Joly ont été transportées au musée de Guelma [7].

---

(1) *Rec. de Constantine*, X, 1866, pl. V, fig. 1, et pl. VII.

(2) V. *infra*, chap. IV, § III. — Courte notice sur Madaure (avec plusieurs planches) par A. Robert, *Rec. de Constantine*, XXXIII, 1899, p. 255-6.

(3) Paris, 1901, T. I, p. 120, 152, 232 ; t. II, p. 49, 77-78, 227, 378-383.

(4) Feuille 18 (publiée en 1906), n° 432, et aux *Additions* (en 1911).

(5) Rapports de M. Ballu, publiés dans le *Bulletin archéol. du Comité des travaux historiques*, 1906, p. 183-5 ; 1907, p. 245-251 ; 1908, p. 230-3 ; 1909, p. 79 ; 1912, p. 475-6 ; 1913, p. 151-4 ; 1914, p. 284-6 ; 1915, p. 107-8 ; 1916, p. 177-196 ; 1917, p. 263-9 ; 1919, p. 64-81 et p. 151-6. Le même, *Rev. africaine*, LXI, 1920, p. 310-6. Voir aussi Douël, *Sept villes mortes* (Paris, 1917), p. 189-210 ; le même, *Les récentes découvertes archéologiques de Madaure*, dans la *Nouvelle Revue* du 1er novembre 1919 (et tirage-à-part avec illustrations, Paris—Alger).

(6) Publié par S. Gsell. N°s 2031-2814 *bis*, 4007-4019. — Nous nous servirons désormais des initiales *I. L. A.* pour désigner ce recueil.

(7) Voir de Pachtère, *Musée de Guelma* (Paris 1909), pl. III, fig. 1-6 ; pl. V, fig. 1, 3, 5 ; texte, *passim*. Depuis douze ans, beaucoup de sculptures provenant de Mdaourouch sont venues rejoindre à Guelma celles qui sont étudiées dans cet ouvrage.

II

Le nom de la cité antique s'est conservé à travers les siècles presque sans altération : *Mdaourouch* représente *Madauros*, forme usitée à l'époque romaine, non seulement à l'accusatif [1], mais aussi au nominatif [2]; pour l'ablatif, la forme *Madauris* a été employée [3]. Nous ignorons l'étymologie de ce nom; il n'y a pas de bonnes raisons pour le croire d'origine phénicienne [4].

Apulée nous apprend qu'à la fin du troisième siècle avant J.-C., Madaure appartint au roi Syphax et qu'elle fit ensuite partie du royaume de Masinissa [5]. Le centre numide, dont l'existence nous est ainsi révélée, occupait-il le même site que la ville romaine? On peut en douter; les vieux bourgs et cités d'Afrique, — les *castella*, *oppida* des auteurs latins, — étaient, en général, des places fortes, protégées non seulement par des murailles, mais aussi par des défenses naturelles : or le terrain que couvrent les ruines romaines de Madaure est d'un accès très facile. La croupe qui domine l'Aïn Mdaourouch eût offert un emplacement favorable ; étroite au-dessus de la source, là où s'élève la koubba de Sⁱ Mohammed Seddik, elle s'élargit ensuite et un bourg d'une certaine étendue eût pu s'y développer aisément. Mais il serait téméraire d'insister sur cette hypothèse, car nous n'avons constaté sur la croupe aucun vestige de constructions antiques.

C'est peut-être à l'époque numide qu'appartient un dolmen, pourvu d'une table de deux mètres de large et entouré d'une enceinte en grosses pierres, qui subsiste au Sud-Est des ruines. Il est permis de supposer que des sépultures indigènes de même forme s'élevaient dans le voisinage de la source du Sud, en un lieu où se voient deux grandes dalles brutes, ressemblant fort à des tables de dolmens. L'épigraphie libyque est représentée par un misérable

---

(1) *I. L. A.*, 2761 : *aput col(oniam) Madauros.*

(2) Ptolémée, IV, 3, 7 (p. 467, éd. Müller) : Μάδουρος — corriger Μάδαυρος—κολωνία. Cosmographie dite d'Æthicus (Riese, *Geogr. lat. minores*, p. 89) : *Madauros.*

(3) Saint Augustin, *Confessions*, II, 3, 5 : *a Madauris.* Dans Julius Honorius (Riese, *l. c.*, p. 48), la forme *Madauris* est unie à un nominatif : *Madauris oppidum.* Souhaitons, sans trop l'espérer, qu'on renonce à la forme *Madaura*, qui n'est attestée par aucun document.

(4) Comme on l'a supposé : voir Movers, *Die Phoenizier*, II, 2, p. 440, n. 79 c.

(5) *Apol.*, 24 : « ... etsi adhuc Syphacis oppidum essemus. Quo tamen victo, ad Masinissam regem munere populi Romani concessimus ».

fragment, trouvé près de la forteresse ; mais cette inscription peut être postérieure à notre ère.

Nous ignorons si, avant de devenir une ville romaine, Madaure avait pris quelque importance, si elle était pourvue d'institutions municipales, qui, comme à Calama (Guelma) [1], se seraient conformées à des modèles puniques, avec des magistrats annuels, appelés sufètes.

La fondation d'une colonie de vétérans ouvrit pour Madauros une période nouvelle. « Veteranorum militum novo conditu splendidissima colonia sumus », écrivait Apulée vers l'année 158 [2]. Mention de cette colonie est faite dans une douzaine d'inscriptions [3], dont plusieurs appartiennent certainement au Haut-Empire, mais ne sauraient être datées d'une manière précise. Madaure est aussi qualifiée de colonie par le géographe Ptolémée [4], qui, pour l'Afrique, ne s'est pas servi de documents postérieurs au commencement du second siècle. Nous avons, du reste, la preuve qu'une commune romaine existait à Madaure sous Nerva (96-98 après J.-C.) [5]. On n'a pas recueilli dans les ruines d'inscriptions qui puissent être assignées à des temps plus anciens, et c'est une raison de croire que la fondation de la colonie n'a guère précédé la fin du premier siècle. Il convient de l'attribuer à la dynastie flavienne (69-96 de notre ère), si, comme il n'est guère douteux, une dédicace mutilée [6] nous donne le titre officiel de cette colonie : *[co]l(onia) Fl(avia) Aug(usta) vete[ran(orum) Madauren]sium*. La tribu dans laquelle Madaure était inscrite, et qui est mentionnée très fréquemment dans les textes épigraphiques, était celle des empereurs Flaviens, la *Quirina*.

Il n'est pas possible de dire si le fondateur fut Vespasien ou l'un de ses deux fils, Titus et Domitien [7]. Mais cette fondation parait bien se rattacher

---

(1) Voir *I. L. A.*, 233.

(2) *L. c.*

(3) *I. L. A.*, 2042, 2043, 2100, 2101, 2105, 2106, 2116 (= 4012), 2117, 2130, 2145, 2759, 2761, 4011.

(4) *Supra*, p. 8, n. 2.

(5) *I. L. A.*, 2070, inscription mentionnant un soldat de la légion *III Augusta*, par conséquent un citoyen romain, qui fut décurion à Madaure. Il se peut qu'une autre inscription du règne de Nerva (*ibid.*, 2064 *bis*) mentionne un ancien duumvir.

(6) *Ibid.*, 2152.

(7) Pline l'Ancien ne mentionne pas la colonie de Madaure, mais cela ne prouve pas qu'elle ait été fondée après 77, date de la publication de l'*Histoire naturelle*, car, pour la géographie de l'*Africa*, cet auteur a négligé de se servir de documents contemporains.

2

à un ensemble de mesures qui furent prises, à l'époque flavienne, dans la partie de l'Afrique où Madaure était située. La grande peuplade des *Musulamii*, qui vivait entre Madaure et Tébessa et plus à l'Est[1], s'était montrée très remuante au début de l'Empire. Elle était désormais soumise. Les Flaviens lui demandèrent des soldats pour leurs troupes auxiliaires : alors furent créées plusieurs *cohortes Flaviae Musulamiorum*[2]. La légion *III Augusta*, qui, depuis Auguste, avait probablement son camp à Ammaedara[3], au cœur même du pays des Musulames, fut, vers la fin du règne de Vespasien, établie plus au Sud-Ouest, à Theveste. Dans cette contrée pacifiée, il convenait de constituer des foyers de vie latine : de même qu'à Madaure, une colonie d'anciens soldats fut fondée à Ammaedara par un empereur flavien, la *colonia Flavia Augusta Emerita Ammaedara*[4] ; avec le camp de Theveste, ces deux groupes de vétérans devaient être, pour la domination romaine, des appuis que les protestations de loyalisme des Gétules ne rendaient pas superflus.

Comme pour la colonie de Thamugadi, fondée en l'année 100[5], ce fut sans doute le légat impérial, commandant de l'armée d'Afrique, qui présida à l'installation de la colonie de Madaure. Celle-ci resta sous l'autorité de ce chef militaire, tout en faisant officiellement partie de la province d'*Africa*, ce qui était d'ailleurs le cas de tout le territoire dépendant du légat. Au temps de Trajan, la fixation des limites entre les *Madaurenses* et les *Musulamii* incomba à des légats de l'empereur[6].

Beaucoup plus tard, sous le Bas-Empire, Madaure dépendait du proconsul, résidant à Carthage[7] ; elle appartenait au diocèse de Numidie[8], administré par un des deux légats de ce proconsul, le *legatus Numidiae*[9]. Il en

---

(1) Voir *I. L. A.*, p. 267.

(2) *Ibid.*, au n° 1335.

(3) Selon une hypothèse présentée par de Pachtere, *Comptes rendus de l'Acad. des Inscriptions*, 1916, p. 273 et suiv. Je la crois très plausible (conf. *I. L. A.*, p. 286).

(4) *C. I. L.*, VIII, 308.

(5) *Ibid.*, 17842-3.

(6) *I. L. A.*, 2828-9 ; voir aussi 2080.

(7) *I. L. A.*, 2048 (en 290-4), 4011 et 4012 [=2116] (sous Constantin), 2100 (sous Julien), 2101 (en 364), 2107 (en 399-400), 2108 et 2109 (en 407-8).

(8) *Ibid.*, 2048, 2101, 2107, 2108, 2109 (pour les dates, voir note précédente), 2102 (en 366-7).

(9) Il ne faut pas confondre ce diocèse de Numidie avec la province de Numidie, dont nous allons parler.

était déjà ainsi à une époque antérieure : une inscription [1], qu'on ne peut dater avec précision, mais qui ne paraît pas plus récente que la première moitié du III° siècle, nous montre un *legatus Numidiae* faisant la dédicace d'un sanctuaire à Madaure. Nous serions disposé à croire que le transfert eut lieu quand Septime Sévère donna le titre officiel de province de Numidie, *provincia Numidia*, à la partie de l'Afrique qui, depuis longtemps déjà, était soustraite à l'autorité du proconsul et soumise à celle du *legatus Augusti* : les limites de la nouvelle province n'auraient pas coïncidé partout avec celles de l'ancienne zone militaire, et Madaure aurait été comprise dans la province d'*Africa* [2].

Combien de vétérans l'administration impériale établit-elle en ce lieu ? et comment se procura-t-elle les terres qui leur étaient nécessaires ? Nous l'ignorons. Il est probable que les nouveaux venus ne furent pas très nombreux : comme on le verra, le territoire assigné à la colonie fut peu étendu [3] et les indigènes qui s'y livraient à la culture ne durent pas être tous évincés. Une partie des colons avaient servi dans la légion d'Afrique, la *III Augusta* [4] ; d'autres sortaient peut-être d'autres corps de troupes [5]. Les épitaphes de

---

(1) *I. L. A.*, 2035.

(2) Apulée de Madaure fut prêtre de l'assemblée provinciale d'Afrique vers l'année 160 : saint Augustin, *Lettres*, CXXXVIII, 4, 19 ; allusion dans Apulée, *Florides*, 16 (« docuit argumento suscepti sacerdotii summum mihi honorem Carthaginis adesse »). Mais, d'abord, il n'est pas sûr qu'il ait été délégué à cette assemblée par la colonie de Madaure ; peut-être y représentait-il Oea, ou Carthage. Même s'il y représentait sa ville natale, cela ne prouverait pas que, vers 160, celle-ci ait dépendu du proconsul, car, jusqu'à la création de la province de Numidie, les cités romaines du territoire soumis au *legatus Augusti* paraissent avoir participé au culte impérial célébré à Carthage (conf. Gsell, *Atlas archéol. de l'Algérie*, f° 17, p. 10, col. 2 ; f° 27, p. 24, col. 2). — On a trouvé à Mdaourouch la dédicace d'une statue élevée au Génie du Sénat romain, en exécution d'un décret de l'assemblée de la province d'Afrique (*I. L. A.*, 2045). Cet hommage fut rendu au Sénat lors d'une affaire qui intéressait Gigthis, Thigibba et Thuburbo Majus, aussi bien que Madaure, car des dédicaces semblables ont été recueillies dans les trois villes qui viennent d'être mentionnées. C'est une raison de supposer que Madaure non seulement appartenait alors nominalement à la même province que ces villes, mais encore était soumise à la même autorité, celle du proconsul. Quand cela se passa-t-il ? On ne peut le dire avec précision. Cependant rien n'empêche d'admettre une date postérieure à la création de la province de Numidie (voir le commentaire à *I. L. A.*, 2045).

(3) *Infra*, p. 18.

(4) *I. L. A.*, 2070 : mention d'un soldat de cette légion, qui fut décurion à Madaure sous Nerva et qui put être un des premiers colons. — *Ibid.*, 2044 : dédicace G(enio) leg(ionis) *III Aug(ustae)*.

(5) Une épitaphe (*I. L. A.*, 2197) mentionne un cavalier d'une *ala Gallorum*. Il est vrai que nous ne savons pas de quand elle date.

vétérans ne sont pas rares à Mdaourouch [1] ; mais ce n'étaient pas tous des colons de la première heure. Certains d'entre eux avaient pu naître à Madaure [2], où ils seraient revenus terminer leur vie [3] ; d'autres avaient pu recevoir, plus ou moins longtemps après la fondation de la colonie, des lots recouvrés par l'État, les familles des premiers bénéficiaires s'étant éteintes [4].

Que devint la population numide qui habitait Madaure depuis plusieurs siècles? S'il y avait là une commune indigène, une *civitas*, il se peut qu'elle ait été maintenue quelque temps auprès de la colonie. Nous connaissons des exemples de cette dualité en Afrique au début de l'Empire [5] ; mais, ici, tout indice fait défaut, malgré l'abondance assez grande des documents épigraphiques. Il se peut encore que les anciens occupants, cessant de former un groupe autonome, soient devenus des *incolae*, domiciliés dans la colonie ; que le titre de citoyen romain ait été conféré à bon nombre d'entre eux dès l'époque flavienne, peut-être même lors de la fondation de la colonie. Ce serait, sinon la raison unique, du moins une des raisons qui expliqueraient la fréquence à Madaure du gentilice *Flavius*, *Flavia* [6] ; il revient 88 fois dans les 800 inscriptions découvertes à ce jour.

Les *Iulii* et les *Claudii* sont plus nombreux encore : j'en ai compté 156 et 109. Ces deux noms ont pu être introduits surtout par des vétérans dont les grands-pères ou pères auraient reçu le droit de cité soit sous Jules César, Auguste, Tibère, Caligula, soit sous Claude et Néron [7].

Ces trois gentilices, *Iulius*, *Claudius*, *Flavius*, qui nous ramènent aux premiers temps de l'Empire, l'emportent de beaucoup sur les autres [8]. Ceux

---

(1) *I. L. A.*, 2095, 2198-2201, 2203-5.

(2) *Ibid.*, 2202 : épitaphe de deux époux, faite par leur fils, qui servait dans la *III Augusta*.

(3) Un vétéran de la *III Augusta*, qui mourut à Madaure, était chrétien ; son épitaphe doit dater du IVe siècle : *ibid.*, 2766.

(4) Ce fut sous les Antonins ou les Sévères que deux vétérans de la première cohorte urbaine vinrent s'établir à Madaure : *I. L. A.*, 2128, 2130. Cette cohorte tenait alors garnison à Carthage.

(5) Voir Poinsot, *Comptes rendus de l'Acad. des Inscriptions*, 1915, p. 328.

(6) Une autre raison a pu être l'installation comme colons d'un certain nombre de vétérans qui auraient appartenu à des troupes auxiliaires et obtenu le droit de cité lors de leur libération.

(7) N'oublions pas non plus que des indigènes qui, après avoir servi dans l'armée romaine, retournaient chez eux avec le titre de citoyen, ont dû contribuer à répandre en Afrique, au Ier siècle, les noms de *Iulius*, *Claudius* et *Flavius* : conf. *Khamissa*, p. 33 ; *Announa*, p. 16.

(8) A Thubursicu Numidarum, si les *Iulii* sont nombreux, les *Claudii* et les *Flavii* sont rares : *Khamissa*, l. c.

qui peuvent se rattacher à des princes postérieurs à la dynastie flavienne sont exceptionnels : un *Cocceius*, aucun *Ulpius*, trois *Aelii*, cinq *Aurelii*. Dans la foule des autres gentilices, j'en ai relevé six qui apparaissent plus de douze fois sur nos inscriptions, sans qu'on puisse deviner les causes de leur fréquence : 34 *Cornelii*, 24 *Caecilii*, 23 *Antonii*, 23 *Calpurnii*, 22 *Aemilii*, 18 *Pompeii*. Rarement, les gens mentionnés dans les épitaphes sont désignés par un nom unique, qui permet de supposer qu'ils étaient de condition pérégrine ; presque toujours, les hommes portent les *tria nomina* des citoyens romains, les femmes, un gentilice et un *cognomen* [1].

Ces constatations autorisent à croire que les indigènes ne tardèrent guère à devenir les égaux des colons, qu'en droit comme en fait, la fusion fut à peu près complète. Madaure a été un centre vraiment romain, dans une contrée où le gouvernement impérial ne créa pas d'autres colonies ; car, si les vieilles cités d'Hippo Regius, de Calama, de Thubursicu Numidarum furent honorées de ce titre, après avoir passé par la condition de municipe, ce ne fut sans doute pas parce que les empereurs y établirent des colons.

L'histoire de la colonie de Madauros ne nous est guère connue. Nous n'avions pas besoin de témoignages épigraphiques pour être certains qu'il y avait là, comme ailleurs, des édiles [2], des duumvirs [3], des questeurs [4], un conseil

---

(1) Ce n'est pas, il est vrai, un argument péremptoire pour soutenir que presque tous les hommes libres vivant dans la colonie étaient citoyens romains : si les gens pourvus de ce titre se souciaient de se faire graver des inscriptions funéraires latines, il pouvait y avoir à Madaure beaucoup de pérégrins que l'on enterrait sans faire la dépense d'une épitaphe, surtout d'une épitaphe en une langue qui n'aurait pas été la leur. Cependant, au début du IIIe siècle, le fameux édit de Caracalla leur aurait conféré à tous la cité romaine. Il convient d'ajouter que l'épigraphie locale n'apporte pas la preuve d'un accroissement subit du nombre des citoyens sous le règne de ce prince, appelé, on le sait, M. Aurelius. Nous venons de dire combien le gentilice *Aurelius* y est rare ; il faudrait admettre que ces nouveaux citoyens prirent d'autres gentilices.

(2) *I. L. A.*, 2056, 2088, 2089, 2092, 2095, 2141, 2146, 2150, 2152, 2207, 2208. *Aedilicii* : 2052, 2131, 2147, 2148.

(3) *Ibid.*, 2056, 2130, 2141, 2146, 2206, 2207. *Duumvirales*, ou *duumviralicii* : 2052, 2131, 2145, et peut-être 2070 ; voir aussi Apulée, *Apol.*, 24. Des personnages qui furent deux fois duumvirs : *I. L. A.*, 2145, 2206. — L'épigraphie de Madaure n'a pas fourni, jusqu'à présent, d'exemples de *duumviri quinquennales*.

(4) *I. L. A.*, 2056, 2207. — L'inscription 2141, malheureusement très mutilée, semble contenir une liste de magistrats municipaux, énumérés dans cet ordre : duumvirs, duumvirs désignés, questeurs (?), édiles.

des décurions [1], ou *ordo* [2], qualifié volontiers de *splendidus* [3], de *splendidissimus* [4] ; que les décurions, les magistrats, et aussi les flamines perpétuels, prêtres du culte impérial, devaient, à leur entrée en charge, verser à la caisse publique une somme dite honoraire *(summa honoraria* ou *legitima)* [5], accrue souvent par des libéralités volontaires ; enfin que les citoyens étaient répartis en curies [6]. Sous le Haut-Empire, le *populus* prenait une certaine part aux affaires municipales, élections [7], décrets pour l'érection de monuments honorifiques [8] ; il devait, à vrai dire, se contenter d'approuver les choix et les décisions du conseil des décurions [9]. Plus tard encore, on ne négligeait pas de mentionner le peuple après l'*ordo* dans les inscriptions commémorant des cérémonies officielles [10]. Nous ignorons si les vieilles magistratures, édilité et duumvirat, furent maintenues sous le Bas-Empire [11] ; en tout cas, le chef de la colonie était alors le *curator rei publicae* [12], comme dans les autres cités de l'Afrique romaine. Le titre de patron était conféré à des personnes de qualité, proconsuls, sénateurs, etc. [13], et même, au IVᵉ siè-

---

(1) *Ibid.*, 2038, 2039, 2091, 2146. Mentions de décurions : 2070, 2128, 2130, 2145 ; saint Augustin, *Lettres*, XVII, 4.

(2) *I. L. A.*, 2082, 2100, 2101, 2105, 2106, 2130, 2154, 2207, 4011 ; Augustin, *Lettres*, CCXXXII, 1.

(3) *I. L. A.*, 2102, 2108.

(4) *Ibid.*, 2145, 2158, 2159, 4012.

(5) Pour le décurionat, *I. L. A.*, 2128. Pour l'édilité, 2092, 2152. Pour le duumvirat, 2130. Pour le flaminat perpétuel, 2128, 2130, 2154. Voir aussi 2087, 2088, 2089, 2151, 2161.

(6) *Ibid.*, 2130 ; pour ces curies, conf. *Khamissa*, p. 22. Mention des *curiales* : *I. L. A.*, 2145. Les *curiales* du nᵒ 2135 sont probablement des membres de l'*ordo*.

(7) *Ibid.*, 2152 : « ... [ho]norem ae[dilitatis, qu]em in se spl[endidus ordo co]l(oniae) Fl(aviae) Aug(ustae) vete[ran(orum) Madauren]sium, patriae suae, su]ffragiis eti[am popul]i contulit ». Ces restitutions ne sont pas toutes certaines.

(8) *Ibid.*, 2145 : « splendidissimus o[rd]o et populus coloniae Madaurensium... hono[re]m bigae et statuae decrev[e]runt pecunia [publi]ca ».

(9) Voir les inscriptions citées aux deux notes précédentes.

(10) *I. L. A.*, 2100 (sous Julien) : « [thermae]... cum ordine... col[oniae]... et populo d[e]d[ic]atae ». *Ibid.*, 2102 (en 366-7) : « cum ordine splendido et universo popul[o dedicavit] ».

(11) Pourtant l'inscription nᵒ 2209, qui est du IVᵉ siècle, paraît faire allusion à la gestion d'une de ces magistratures.

(12) *Ibid.*, 2100, 2101, 2102, 2107, 2108, inscriptions qui se placent entre 361-3 et 407-8. Les inscriptions 2153, 2154, mentionnant aussi des *curatores rei publicae*, sont plus anciennes. Le *curator* du nᵒ 2154 a pu être un commissaire impérial, chargé du contrôle des finances de la colonie, non un chef de l'administration municipale.

(13) *Ibid.*, 4011, 4012 (= 2116) : des proconsuls du temps de Constantin ; 2117 : un gouverneur de province ; 2140.

cle, à des Madauriens qui, par la fortune et les services rendus, s'élevaient au-dessus de leurs concitoyens [1].

Sous les Antonins et les Sévères, il y avait, dans l'aristocratie locale, des gens fort aisés. Le père d'Apulée, qui mourut vers 150, après avoir été duumvir, laissa environ deux millions de sesterces [2]. Un demi-siècle plus tard, M. Gabinius Sabinus donna 375.000 sesterces pour la construction d'un théâtre [3]. Un M. Aurelius (nous ne connaissons pas son *cognomen*) dépensa 200.000 sesterces pour des travaux exécutés au forum, dans le cours du III° siècle [4]. Les inscriptions publiques de l'époque des Sévères sont assez abondantes [5]. Madaure dut participer à la prospérité qui régna sur presque toute l'Afrique au temps de cette dynastie d'origine africaine [6] : il est certain ou probable qu'on y éleva alors des sanctuaires [7], des arcs [8], un théâtre [9], des thermes [10]. Elle continua à faire figure sous le Bas-Empire. Si l'on n'entreprenait guère de nouvelles constructions, les vieux édifices étaient réparés et des dédicaces pompeuses célébraient ces restaurations [11].

Naturellement, les honneurs municipaux ne suffisaient pas aux ambitieux. De nombreux Madauriens furent admis dans la noblesse équestre [12], et plus d'un remplit, dans l'armée [13], dans l'administration impériale [14], des

---

(1) *Ibid.*, 4011 (sous Constantin), 2101 (en 364).

(2) Apulée, *Apol.*, 23.

(3) *I. L. A.*, 2121.

(4) *Ibid.*, 2120.

(5) *Ibid.*, 2041, 2053, 2059, 2060, 2085 et suiv. — Portraits de Septime Sévère et de Caracalla, trouvés dans les ruines du théâtre : voir chap. II, § IV.

(6) Conf. *Khamissa*, p. 27-28.

(7) *I. L. A.*, 2041 ; probablement 2035, et d'autres, que l'on ne peut dater avec précision.

(8) L'inscription 2086 paraît être la dédicace d'un arc. Les nᵒˢ 2128-2130 datent des Antonins ou des Sévères.

(9) Voir chap. II, § IV.

(10) Voir chap. III, § III.

(11) *I. L. A.*, 2048 (sous Dioclétien), 2100 (sous Julien), 2101 et 2102 (sous Valentinien Iᵉʳ et Valens), 2103 (sous Gratien, Valentinien II et Théodose), 2107 (sous Arcadius et Honorius), 2108 (sous Arcadius, Honorius et Théodose II).

(12) *I. L. A.*, 2145 : « eq(uiti) R(omano) ex inquisitione allecto ». *Ibid.*, 2141 : plusieurs chevaliers romains, qui furent magistrats à Madaure. *Ibid.*, 2147, 2195, 2196.

(13) *Ibid.*, 2194 (épitaphe) : « trib(unus) mil(itum) leg(ionis) III Aug(ustae), scr(iba) [q(uaes-torius)], prae[f(ectus) f]abr(um) ».

(14) Un procurateur impérial, qualifié de *centenarius vir* : *I. L. A.*, 2035 et 2118. Un procurateur, ancien officier : *ibid.*, 2119. Des e(gregii) v(iri) : 2144, 2153.

fonctions réservées aux chevaliers. Il est à croire que d'autres s'élevèrent plus haut encore[1] et ouvrirent à leur famille l'ordre sénatorial.

III

Cependant la colonie flavienne ne devint pas une cité importante. Elle se trouvait à l'écart des principales voies de communication. Elle n'est même pas mentionnée dans les documents routiers qui nous sont parvenus, l'Itinéraire d'Antonin et la Table de Peutinger. Des deux grandes voies qui traversaient ce pays, l'une, celle de Cirta à Sicca, par Gadiaufala, Tipasa[2], Thagura, passait à quelques milles au Nord de Madauros ; *Ad Molas* et *Vasidice*, qui étaient sur cette route, peuvent être identifiées avec Sidi Brahim, à cinq kilomètres au Nord-Nord-Ouest, et avec Aïn Tamatmat, à 10 kilomètres au Nord-Est de Mdaourouch[3]. L'autre voie, celle d'Hippone à Theveste par Tipasa, devait passer à environ 12 kilomètres à l'Ouest[4]. Notre ville était évidemment reliée à ces artères maîtresses : on distingue, à proximité des ruines, des traces d'une route sur Sidi Brahim[5] ; une autre se reconnaît encore çà et là jusqu'à Aïn Tamatmat[6]. Il y a lieu d'admettre l'existence d'une voie vers Thagaste (Souk Arrhas), — elle passait peut-être par Sidi Brahim et certainement par Zarouria[7] ; — d'une autre, prolongement de celle-ci, qui pouvait traverser le défilé dit Khanguet Bou Sessou, à 2 milles (3 kil.) au Sud-Est de Mdaourouch[8], et aller tomber dans la voie de Tipasa à Theveste[9]. Mais si, par ces divers tronçons, Madaure

---

(1) Un *consularis provinciae Cypri, pontifex dei Solis* (à Rome) et *augur populi Romani Quiritium*, peut avoir été originaire de Madaure, d'après ce qu'on comprend d'une inscription mutilée : *I. L. A.*, 2117.

(2) Elle passait, non pas par cette ville même, mais un peu plus au Sud.

(3) Gsell, *Atlas archéol.*, f° 18, n°⁸ 417 et 421.

(4) Il s'agit du tracé direct entre Tipasa et Theveste, non de la voie qui passait par Vatari : voir *Atlas*, f° 18, n°ˢ 391 (route 6), 516, 517.

(5) Conf. Toussaint, *Bull. archéol. du Comité*, 1917, p. 262.

(6) Conf. Lewal, *Rev. africaine*, III, 1858-9, p. 27 ; Toussaint, *l. c.*

(7) *Atlas*, f° 18, n° 411.

(8) *Ibid.*, n° 434.

(9) Remarquer qu'on n'a pas trouvé de bornes milliaires à proximité de Mdaourouch.

échappait à l'isolement, elle ne pouvait pas devenir un grand centre commercial [1].

Sauf des étudiants, dont nous reparlerons, elle attirait peu les étrangers. Les inscriptions ne mentionnent guère d'autres tribus [2] que celle des citoyens de la colonie, la *Quirina* [3], et il n'est pas sans intérêt de remarquer l'absence complète de la tribu *Papiria*, à laquelle appartenaient des villes assez voisines, Thagaste, Thubursicu, Calama, Theveste. On rencontre pourtant, dans l'épigraphie de Mdaourouch, un *civis Thevest[inus]* [4] et peut-être un *Thug(gensis)* [5]. Par contre, nous constatons la présence de gens de Madaure en Maurétanie, à *Sitifis* [6] et près d'*Auzia* [7], et en Espagne [8] ; mais rien ne prouve que ce fussent des négociants, qui seraient allés chercher fortune au loin.

C'était sans doute la culture qui assurait à la plupart des Madauriens soit des moyens d'existence, soit une aisance plus ou moins large. De nombreuses petites ruines, disséminées aux environs, représentent des fermes. Il y a beaucoup de bonnes terres autour de Mdaourouch et les pluies sont en général suffisantes pour assurer les récoltes [9]. Colons et indigènes faisaient des céréales, — *Ad Molas* était le nom d'un lieu situé près de la colo-

---

(1) Ce qui ne veut pas dire que l'on n'y fît aucun commerce. Pour la popularité de Mercure (qui, d'ailleurs, pouvait tenir à d'autres causes encore), v. *infra*, § VI. Un temple de la Fortune paraît avoir servi de Bourse de commerce à la fin du IV[e] siècle (*I. L. A.*, 2103) : « aedem [Fo]rtunae, in qua rerum venali[u]m diversar[um merci(?)]monia frequen[t]antur... »

(2) Deux vétérans qui vinrent s'établir à Madaure appartenaient l'un à la *Palatina*, tribu urbaine (*I. L. A.*, 2130), l'autre à la *Pollia*, tribu où l'on inscrivait les fils de soldats (*ibid.*, 2201).

(3) Il n'est pourtant pas impossible que, parmi les gens qui appartenaient à la tribu *Quirina*, quelques-uns aient été originaires, non de Madaure, mais d'une autre ville, inscrite aussi dans cette tribu, par exemple Hippo Regius, Cirta, Sicca : conf. *Khamissa*, p. 33-34.

(4) *I. L. A.*, 2238.

(5) *Ibid.*, 2036. L'interprétation n'est pas certaine.

(6) *Ibid.*, 2239 : épitaphe d'un homme qui avait préparé sa tombe et celle de sa femme à Madaure et qui fut enseveli à Sétif. Il mourut, dit l'inscription, « ob singularem amorem nepotum suorum », ce qui est un renseignement insuffisant.

(7) *C. I. L.*, VIII, 20757.

(8) A Mérida : *Ephemeris epigraphica*, VIII, p. 367, n° 30 ; R. Lantier, dans *Inventaire des monuments sculptés pré-chrétiens de la péninsule ibérique ; Lusitanie, Conventus Emeritensis*, p. 20, n° 91 et pl. xxxiv, fig. 81.

(9) Une inscription (*I. L. A.*, 2145), qui peut dater du début du III[e] siècle, célèbre un M. Cornelius Fronto Gabinianus, « ob frumenti copiam t[emp]ore inopiae largiter praestitam ». La récolte avait donc dû manquer cette année-là.

nie [1], — probablement aussi de l'élevage. L'altitude est trop élevée pour convenir à la vigne [2]. On ne trouve plus d'oliviers dans le pays, mais, à l'époque romaine, l'oléiculture était certainement prospère : dans le quartier central de la ville, les fouilles ont mis au jour plusieurs fabriques d'huile, dont les aménagements, bien conservés, sont fort intéressants.

Cependant le territoire attribué à la colonie était trop restreint pour nourrir une forte population. Au Sud, il rencontrait la limite des Musulames à 4 milles à peine de Madaure [3]. Ailleurs, il s'étendait certainement davantage, — les documents nous manquent pour préciser, — mais il devait bientôt se heurter aux territoires d'autres cités, qui n'étaient guère éloignées de Madaure : Tipasa, à 22 kilomètres, à vol d'oiseau, au Nord-Ouest ; Thagaste, à 24 kilomètres au Nord ; Thagura, à 16 kilomètres au Nord-Est. Si l'on veut hasarder un chiffre, très conjectural, on pourra proposer celui de 25.000 hectares, tout compris, terres fertiles aussi bien que sols inutilisables.

Les observations qui précèdent expliquent pourquoi Madaure resta une petite ville. Ses ruines, à l'exclusion des cimetières, couvrent une vingtaine d'hectares, trois fois moins que celles de Thubursicu. Nous ne croyons pas qu'elle ait eu jamais plus de 10.000 habitants. Et c'est là, probablement, un chiffre exagéré. Le théâtre, construit en un temps de prospérité, ne contenait qu'environ 1.200 places [4].

L'espace fouillé est encore trop peu étendu pour que l'on puisse discerner le plan primitif de la colonie, ses accroissements successifs, les modifications que le tracé des rues a pu subir au cours des premiers siècles de notre ère. Même dans les parties qui ont été déblayées, il est souvent malaisé, quelquefois impossible, de retrouver les dispositions de l'époque romaine. Madaure a été bouleversée, d'abord par les Byzantins, pour la construction de leur forteresse et des habitations qui vinrent se grouper autour, puis par les Berbères, qui, sans se soucier des alignements anciens, ont édifié leurs masures avec des matériaux pris n'importe où. Il n'est point rare, par exemple, que plusieurs morceaux d'une inscription latine aient été dispersés et trans-

---

(1) Voir p. 16. On a découvert dans les ruines de Madaure un certain nombre de moulins à grains, en forme de double cône.

(2) Comme dans la région de Thubursicu : voir *Khamissa*, p. 39, n. 6.

(3) *I. L. A.*, 2828, 2829 : inscriptions gravées sur un rocher, vers le haut du versant méridional du Djebel Mdaourouch (*Atlas*, f° 18, n° 519).

(4) V. *infra*, chap. II, § IV.

portés à une bonne distance les uns des autres [1]. On a peine à voir clair dans ce chaos.

Nous ne saurions dire si la colonie fondée à la fin du Ier siècle était entourée d'un rempart. Nous n'avons pas non plus la preuve qu'elle ait formé un damier. Tel n'est pas, en tout cas, le plan de la ville que les fouilles nous révèlent (voir pl. xvi [2]). Dans le quartier central, les rues, pour la plupart non dallées, que l'on retrouve ou que l'on devine sous des remaniements tardifs, ne sont pas d'ordinaire perpendiculaires ou parallèles les unes aux autres et n'ont pas un tracé exactement rectiligne.

En bordure de ce quartier, courent deux grandes voies, qui viennent se croiser et qui se prolongent au delà de leur intersection. L'une, dirigée de l'Ouest-Sud-Ouest à l'Est-Nord-Est, a été déblayée sur une longueur de 350 mètres. Large de 5m50 à 7m30, elle est munie de dalles bien agencées, disposées en épi. L'autre voie, aujourd'hui dégagée sur près de 400 mètres, longe presque les thermes et remonte la pente, du Nord-Nord-Ouest au Sud-Sud-Est. Elle forme plusieurs coudes et est de largeur variable (8m50 au maximum). Elle est aussi dallée (dalles disposées transversalement), mais seulement jusqu'à son croisement avec la première rue.

On pourrait se demander si la colonie primitive ne se trouvait pas dans l'espace compris entre ces deux voies, qui seraient de date plus récente ; un des angles de la ville flavienne serait tombé au point où elles se rejoignent ; au centre, vers l'intersection des rues principales, le *decumanus* et le *cardo maximus*, aurait été le forum, qui, transformé plus tard, serait cependant resté à la même place. Au contraire, le réseau des vieilles rues aurait été plus ou moins remanié. A l'extérieur, on aurait établi les deux voies dallées, sortes de boulevards [3] qui, prolongés au delà de leur croisement, auraient desservi des quartiers neufs ; elles auraient constitué désormais les artères de la cité agrandie. L'emplacement qu'occupent les thermes, au delà de la voie montante. semble indiquer qu'ils ne sont pas d'une époque antérieure à cette

---

(1) *I. L. A.*, 2045, 2052, 2055, 2082, 2095, 2101, 2103, 2108, 2115, 2145, 4011, 4012.

(2) Depuis que ce plan a été dressé (au début de 1920), les fouilles exécutées au Nord-Est et au Sud-Est de la forteresse et du forum ont dégagé une grande partie du quartier central.

(3) Le rempart de la colonie aurait pu être alors entièrement rasé. Je n'en ai retrouvé nul vestige le long des deux voies. Si cette colonie était de forme rectangulaire, il faudrait supposer que la rue montante ne suivait pas exactement le tracé de l'enceinte, car elle n'est ni rectiligne, ni d'équerre avec l'autre voie.

voie. Or nous verrons qu'ils datent probablement du temps des Sévères. Ce serait donc alors, au plus tard, que la ville se serait étendue par delà ses anciennes limites. Mais nous n'insistons pas sur des hypothèses dont nous sentons toute la fragilité.

De nombreux monuments publics furent élevés à Madaure. Outre le forum et ses portiques, le théâtre, les thermes, dont l'emplacement est certain et dont nous étudierons les restes, les inscriptions mentionnent une douzaine de sanctuaires, plus ou moins importants [1], quatre arcs [2], une vieille basilique [3], — ce qui implique l'existence d'une autre basilique, plus récente —, un marché (*macellum*) [4]. Mais, à en juger par les ruines qu'ont exhumées les fouilles, ces édifices n'avaient rien de particulièrement remarquable. Le théâtre paraît avoir été le seul monument consacré aux spectacles [5]. Il ne semble pas qu'il y ait eu d'autres grands thermes que les deux établissements qui se dressaient côte à côte, au Nord de la ville [6]. Quant aux maisons, on en a déblayé plusieurs, qui sont assez vastes, mais dont la décoration ne témoigne guère du désir de mettre l'art au service du luxe.

Publiques ou privées, ces constructions sont, en général, d'une exécution médiocre. On se souciait assez peu de régularité et de symétrie. Il est rare

---

(1) *I. L. A.*, 2035, 2041, 2048, 2055, 2056, 2069 (?), 2071, 2082, 2131, 2132, 2133 (?), 2134, 2146. Nous parlerons de la plupart de ces sanctuaires dans l'étude des cultes. Le n° 2134 mentionne l'*atrium* d'un temple.

(2) *Ibid.*, 2128 : « arcum et statuam » ; 2129 : « arcum,... statuam » ; 2130 : « arcum et s[tatuam],... ex (sestertium) XL mil(ibus nummum) » ; 2117 : « ... porticus novae... ab arcu ad foru[m] » ; cet arc a pu être l'un des précédents. Le n° 2086 est probablement la dédicace d'un arc.

(3) *Ibid.*, 2135 : « bassilicam *(sic)* vet[erem] ».

(4) *Ibid.*, 2052 : deux morceaux d'une table, trouvés l'un au Nord-Est, l'autre à l'Est du forum. Un édifice circulaire, découvert à 35 mètres au Sud-Sud-Est du forum, a pu être un marché. Mais il est, semble-t-il, d'assez basse époque, tandis que l'inscription mentionnant le *macellum* date sans doute du Haut-Empire.

(5) Des magistrats sont qualifiés de *munidator* (*I. L. A.*, 2207) et peut-être de *mu[nerarius]* (*ibid.*, 2144). Mais ce n'était pas seulement dans des amphithéâtres permanents qu'on pouvait donner les spectacles auxquels ces textes font allusion. La *venatio* mentionnée au n° 2055, les *gymnasia* des n°ˢ 2089 et 2130 n'exigeaient pas de locaux spéciaux. A Theveste, des *gymnasia* avaient lieu régulièrement dans des thermes (*I. L. A.*, 3040).

(6) Généralement, les thermes publics constituent des ruines si étendues et si massives qu'on les reconnaît sans peine, même avant de les fouiller : il en était ainsi à Mdaourouch pour le groupe de thermes situé dans le quartier septentrional. Or nous n'avons pas constaté, sur d'autres points de la ville, l'existence de décombres qui décèlent des constructions analogues.

que les murs qui devraient être perpendiculaires ou parallèles le soient exactement, que les lits et les joints des pierres de taille soient agencés dans une
belle ordonnance classique. On ne se servait guère que de la pierre calcaire
tirée des carrières du voisinage. Une inscription mentionne les colonnes de
marbre d'un temple [1]. C'était, sans doute, une exception : à part les statues,
les fouilles n'ont remis au jour, en fait de marbres, que de minces plaques,
dallages ou revêtements dans des édifices privilégiés, et quelques débris de
tables où l'on avait gravé des dédicaces [2].

Comme dans la plupart des cités romaines d'Afrique, on fit les travaux
nécessaires pour que la colonie fût pourvue d'une eau abondante et salubre.
Les deux sources reçurent des aménagements, dont il reste des vestiges [3]. —
Sous la grande rue montante, court un canal, à une distance variable de la
surface du sol, car il a été établi sur un plan beaucoup moins incliné que la
rue. Vers le croisement des deux voies principales, il se trouve à environ
11 mètres du dallage ; la profondeur diminue dans la direction du Nord. Au
Sud, c'est un tunnel, entièrement creusé dans le roc ; plus bas, le plafond
est formé de dalles. Des regards circulaires, s'ouvrant sur la rue [4], avaient
dû servir à évacuer les déblais ; la conduite terminée, ils permettaient de
l'aérer et de le nettoyer. Maçonnés à leur partie supérieure, ils sont ensuite
taillés dans le rocher. On en a dégagé onze, plus ou moins éloignés les uns
des autres. Le dernier se trouve à environ 100 mètres au Sud des grands
thermes. Le canal, se rapprochant de plus en plus du dallage de la voie,
devait sortir de terre en face de cet édifice, on ne distingue plus de quelle
manière. Un peu plus haut, à une cinquantaine de mètres des thermes, a été
installée une vanne ; quand elle était fermée, l'eau allait couler dans une
conduite à ciel ouvert, qui longeait le côté oriental de la rue et qui paraît
avoir desservi les thermes : il s'agit là, semble-t-il, d'un aménagement de basse
époque. D'où venait le canal souterrain ? Sans doute de quelque source captée

---

(1) *I. L. A.*, 2082 (sous Hadrien) : « columnis ma[rmoreis] ». La restitution n'est pas
douteuse.

(2) Entre autres, la dédicace d'un temple de Mars : *ibid.*, 2055. Un autel, dédié au même
dieu : 2054. Les monuments funéraires sont tous en pierre calcaire, sauf une stèle, qui est
en mauvais marbre.

(3) Voir Robert, dans *Enquête administrative sur les travaux hydrauliques anciens en
Algérie*, publiée par S. Gsell (*Nouvelles Archives des missions*, X, 1902), p. 64-65.

(4) Les bouches étaient fermées par des dalles mobiles.

sur le versant septentrional des collines qui dominent Mdaourouch au Sud-Est et au Sud [1]. Un fragment d'inscription, recueilli dans les ruines de la forteresse byzantine, se rapporte certainement à un aqueduc : il indique qu'on trouva de l'eau en entaillant des montagnes [2]. — Des fontaines furent élevées le long des rues ; il y en avait trois dans la partie de la grande voie montante qui a été déblayée [3]. L'eau du ciel était amenée dans des citernes, construites sous les habitations [4]. Enfin, l'on creusa des puits : les fouilles en ont dégagé trois aux abords du forum [5].

Les morts furent ensevelis tout autour de la cité. Un grand cimetière s'étendit à l'Ouest, sur le mamelon appelé par les indigènes Koudiat Dra Douamis [6] ; un autre, moins important et occupé surtout par des gens de condition modeste, au Sud, sur le Koudiat Ghirane [7]. Çà et là, se dressaient des mausolées. L'un d'eux est encore debout, à proximité de l'Aïn Bou Sebaa [8]. D'un autre, situé au Nord-Ouest de la ville [9], près d'une église chrétienne, on a exhumé le soubassement : un grand dé portant plusieurs degrés, en pierres de taille [10].

---

(1) De ce côté, la source la plus voisine de Mdaourouch est actuellement Aïn Bou Sessou, à 3 kilomètres au Sud-Est. Une dédicace à Neptune y a été découverte : *I. L. A.*, 2825. — On pourrait se demander si la conduite, venant des collines, ne se ramifiait pas vers le haut de la ville. L'une des deux branches, prenant la direction du Nord-Ouest, serait celle qui passe sous la voie montante ; l'autre se serait dirigée vers l'Ouest et aurait débouché là où se trouve aujourd'hui l'Aïn Bou Sebaa, qui, dans cette hypothèse, ne serait pas une véritable source, mais la sortie d'un aqueduc antique, fonctionnant encore. Cela serait facile à vérifier.

(2) *I. L. A.*, 2139 : « ... [e]xcisis mon[tibus] .... [h]umor natu[s]... »

(3) L'une, dans le voisinage des thermes, n'est pas trop mal conservée. Des deux autres, situées plus haut, il ne reste que des traces.

(4) Plusieurs de ces réservoirs ont été retrouvés. Pour les vastes citernes qui sont voisines des grands thermes, voir chap. III, § I, fin.

(5) Au Nord-Est (près de la curie), au Sud-Ouest, à l'Ouest. Ils sont indiqués sur le plan, pl. XVII.

(6) Ce dernier mot signifie « les Grottes ». Ce sont les hypogées romains creusés dans le roc.

(7) Les indigènes ont fait jadis des fouilles clandestines sur le Koudiat Ghirane et un peu plus au Nord, près du mausolée. Ils ont trouvé bon nombre de poteries et de lampes, qui, en général, ont été vendues en Tunisie. Quelques-uns de ces objets étaient entrés dans la collection Farges : voir Besnier et Blanchet, *Collection Farges* (Paris 1900), p. 84, s. v. Mdaourouch. Quant aux pierres tumulaires qui, il y a une trentaine d'années, gisaient sur la colline, elles ont presque toutes servi de matériaux de construction.

(8) Gsell, *Monuments antiques de l'Algérie*, II, p. 77-78 et pl. LXXXI.

(9) Indiqué sur le plan, pl. XVI, en haut, à gauche.

(10) Au-dessus, il ne reste que l'assise de la plinthe. Il se peut que ce mausolée ait été celui d'une chrétienne, Fabricia Faustiniana, dont l'épitaphe est gravée sur un linteau de porte, trouvé tout auprès : *I. L. A.*, 2789 ; conf. Ballu (d'après Joly), *Bull. archéol. du Comité*, 1915, p. 108.

L'existence d'autres mausolées n'est attestée que par quelques débris d'architecture [1] ou par des inscriptions [2].

IV

Si Madaure devint, comme nous l'avons dit, une ville bien romaine, il n'était pas possible qu'elle répudiât tout son passé, qu'elle restât entièrement fermée aux langues, aux mœurs, aux croyances qu'autour d'elle, beaucoup d'indigènes conservaient avec une fidélité plus ou moins tenace.

Parmi les martyrs chrétiens de cette ville, il y en eut qui portaient des noms puniques [3] : au grammairien Maxime de Madaure, puriste intransigeant qui, deux siècles plus tard, se moquait de ces noms barbares, « odieux aux hommes comme aux divinités » [4], saint Augustin faisait observer que de telles railleries n'étaient guère à leur place dans la bouche d'un Africain [5]. Sur les inscriptions des cimetières, on rencontre des noms libyques et puniques, moins fréquemment, il est vrai, qu'à Thubursicu Numidarum : une quarantaine environ [6]. Ils servent généralement de *cognomina*, à la suite de gentilices romains.

Mais, d'ordinaire, les noms sont latins et ils se présentent d'une manière correcte ; conformément à la règle, la filiation, indiquée par l'initiale du prénom du père [7], et la tribu viennent prendre place entre le gentilice et le *cognomen*.

---

(1) Morceau de soffite d'une riche ornementation, près du mausolée voisin de la source.

(2) Voir *I. L. A.*, 2194, 2198, 2231, 2631, 2664, 2755. Au n° 2203, mention d'un monument funéraire qui avait coûté 30.000 sesterces.

(3) *Namphamo, Miggin, Sanae* : Maxime de Madaure, *apud* saint Augustin, *Lettres*, XVI, 2 ; conf. Augustin, *ibid.*, XVII, 2.

(4) *L. c.* : « diis hominibusque odiosa nomina ».

(5) *L. c.*.

(6) *Aiburhu, Aris, Balsille[c], Baric* et *Barih* (6 mentions), *Barigbal, Berecth, Dudda, Gududus, Gududa, Iafic, Iasuc, Marisa, Matun* (?) et *Metthun* (?), *Meggent, Mizguar, Namgidde* et *Namgeddae, Namphamo* (3 mentions), *Namphame, Sanamt, Semmudah, Siddin, Zabo, Zaba* (2 ou 3 mentions) et *Saba, Zabulla*. J'ajoute dubitativement *Bizzo, Dubila* et *Tzaiza*, dont l'origine africaine ne me paraît pas certaine. Pour les références, voir l'index de *I. L. A.*, t. Ier. — Deux noms hybrides, l'un punico-grec, *Namphadora* (2 mentions : *I. L. A.*, 2606, 2677), l'autre punico-latin, *Saturbalius* (n° 2354).

(7) Parfois, ce prénom est écrit en toutes lettres : *ibid.*, 2332, 2472. De même, le prénom du mort : 2587, 2652.

En fait d'irrégularités, on peut signaler quelques prénoms et gentilices servant de *cognomina* [1], quelques mentions du *cognomen* avant le gentilice [2], l'omission du gentilice entre le prénom et le *cognomen* [3], l'absence de *cognomen* [4], la tribu placée après le *cognomen* [5], le père indiqué, non par l'initiale de son prénom, mais soit par son *cognomen* [6], soit par son prénom et son gentilice [7], soit par son gentilice et son *cognomen* [8], soit par ses *tria nomina* [9] (cette indication étant intercalée à la place ordinaire [10], ou bien inscrite après le *cognomen* du mort [11]). Contre l'usage, quelques femmes portent un prénom sur leur épitaphe [12] et, pour d'autres, on mentionne la tribu à laquelle Madaure appartenait, la *Quirina* [13].

Les *cognomina* les plus fréquents sont *Felix* (27 mentions), *Honoratus* (27), *Saturninus* (21), *Victor* (20), *Fortunatus* (17), *Donatus* (16), *Festus* (16), *Martialis* (13), *Rogatus* (13), *Sabinus* (12), *Ianuarius* (10) ; *Fortunata* (21), *Victoria* (19), *Saturnina* (18), *Ianuaria* (13), *Matrona* (13), *Honorata* (11), *Secunda* (11), *Maxima* (10). J'ai relevé trois douzaines de *cognomina* d'origine grecque, s'appliquant aussi bien à des gens d'humble condition, et probablement d'origine servile [14], qu'à des personnes de bonne naissance [15]. Notons encore la fréquence des doubles

---

(1) Prénoms : 2387 *(Lucius)*, 2430 et 2449 *(Quinta)*, 2598 *(Gaius)*. Gentilices : une quinzaine d'exemples, entre autres *Flavia* (2457), *Iulius* (2767), *Pomponia* (2604), *Servilius* (2071).

(2) *Ibid.*, 2488, 2490, 2620 (?).

(3) N°⁵ 2414, 2415.

(4) N°⁵ 2584, 2700.

(5) N°⁵ 2257, 2315, 2376, 2413, 2579, 2613/4, 2629, 2688. Entre deux *cognomina* : 2145, 2418, 2428.

(6) N°⁵ 2517, 2569, 2607. Par deux *cognomina* : 2367/8.

(7) N°⁵ 2202, 2224.

(8) N°⁵ 2214, 2391, 2407, 2666. Par le gentilice et deux *cognomina* : 2428.

(9) N° 2335.

(10) Inscriptions citées notes 6-9.

(11) Le père indiqué à cette place soit par l'initiale de son prénom (2571), soit par son gentilice (2515), soit par son *cognomen* (2514, 2537 ; au n° 2496, le *cognomen* du père entre deux *cognomina* du fils), soit par son gentilice et son *cognomen* (2467, 2618, 2642 ; deux *cognomina* au n° 2529), soit par ses *tria nomina* (2275, 2466).

(12) Une demi-douzaine : voir *I. L. A.*, au n° 2222.

(13) Huit mentions : voir au n° 2271.

(14) Conf. à Thibilis : *Announa*, p. 27.

(15) Voir, entre autres, *I. L. A.*, 2131, 2145, 4011 : *Dius, Eulogia, Nicander*. Conf., pour la Gaule, Jullian, *Histoire de la Gaule*, V, p. 17, n. 3 ; VI, p. 136, 265-6, 271.

cognomina, dont le second se termine généralement en *ianus*, et est tiré, soit d'un gentilice [1], soit d'un *cognomen* [2].

Dans les cimetières, la forme africaine du caisson semi-cylindrique (*cupula*) [3] est à peu près inusitée [4]. Mais, comme dans les autres villes de cette région, on rencontre de nombreuses stèles (*cippi*), à sommet arrondi [5] ou horizontal, quelquefois pointu. Elles sont hautes, en général, de 1m50 à 2 mètres [6] et offrent souvent, au-dessus de l'épitaphe, des images en relief : un ou plusieurs croissants, une ou plusieurs guirlandes, des rosaces ; plus rarement, un ou deux bustes, un ou deux personnages en pied, dans une niche que peuvent flanquer des colonnettes. Parfois, cette pierre dressée domine une table rectangulaire (*mensa*) [7], sur la surface de laquelle on a sculpté ou creusé des plats : agencement qui est fréquent en Afrique [8].

Nombreux aussi, mais moins que les stèles, sont les autels (*arae*), monuments funéraires proprement romains : les uns monolithes, avec des moulures en bas et en haut ; les autres formés de trois pierres superposées, une base, un dé et un couronnement. Ils sont d'ordinaire décorés d'une ou plusieurs guirlandes en relief, à la partie supérieure de la face ; mais on n'a pas figuré l'aiguière et la patère qui, sur beaucoup d'autels romains, occupent les côtés et rappellent les sacrifices offerts aux dieux Mânes [9].

Les tables placées sur des tombes restèrent en usage jusqu'à une basse époque. Au IVe siècle, elles n'étaient plus surmontées de stèles. On y gravait l'épitaphe, le plus souvent à l'intérieur d'une couronne [10], qui fut peut-être primitivement un symbole d'immortalité bienheureuse [11] et qui, avec le temps, a pu devenir un simple ornement. Elle est flanquée d'écuelles, creu-

---

(1) Par exemple, *Claudianus, Pomponianus.*

(2) P. ex., *Festianus, Sabinianus.*

(3) Conf. Gsell, *Mon. antiques*, II, p. 46-47.

(4) Je n'en connais qu'un seul à Mdaourouch : *I. L. A.*, 2715.

(5) Souvent avec des acrotères à droite et à gauche.

(6) Il y a des stèles plus grandes à Thubursicu.

(7) La stèle est soit dressée en arrière de la table, soit encastrée dans cette table.

(8) Gsell, *Mon. antiques*, II, p. 47-48.

(9) Conf. *Announa*, p. 27.

(10) Ou, par simplification, d'un cercle.

(11) Cumont, *Musées royaux du Cinquantenaire, Catalogue des sculptures et inscriptions antiques*; 2e édit. (Bruxelles, 1913), p. 196. Conf. *I. L. A.*, au n° 2221.

sées dans la pierre, d'images d'autres vases, de rameaux, fleurs, rosaces, etc. Ces tables étaient communes aux païens et aux chrétiens.

Au Dra Douamis comme au Koudiat Ghirane, les sépultures sont des caveaux qui pouvaient abriter plusieurs morts. Taillés dans le roc, ils sont généralement de forme rectangulaire, avec une petite baie verticale, servant d'entrée [1], et dont le seuil est à un niveau supérieur au sol de la chambre : hypogées que nous pouvons regarder comme étant de tradition indigène ou punique [2]. Aux abords du Koudiat Ghirane, ont été mises au jour des tombes ne contenant qu'un corps, qui était recouvert de deux rangées de briques plates, disposées en dos d'âne [3].

Dans les arts, nous ne trouvons rien à Madaure qui soit proprement africain. On y reproduisait, tant bien que mal, les modèles classiques et l'on ne se piquait pas, à cet égard, de prétentions injustifiées : quand on souhaitait des statues qui pussent paraître belles, on les faisait venir d'ailleurs [4], peut-être de Carthage ; on appelait du dehors les mosaïstes, qui devaient nécessairement travailler sur place [5]. L'exécution varie avec la main-d'œuvre, mais c'est toujours la même banalité.

Comme par tout le monde romain, l'ordre corinthien règne dans l'architecture [6]. Les chapiteaux offrent soit des feuilles lisses, soit, moins souvent, des feuilles reproduisant les découpures et les nervures de l'acanthe ; ceux des portiques du forum et plusieurs autres ne sont pas de mauvaise facture. Un joli petit chapiteau composite a été recueilli dans les décombres du théâtre: On rencontre quelques chapiteaux d'ordre dorique romain. Quant à l'ordre ionique, il n'est représenté que par un chapiteau de basse époque, de style

---

(1) Cette baie était fermée par une dalle et, de plus, obstruée par de gros quartiers de rocher.

(2) Gsell, *Mon. antiques*, II, p. 49-50.

(3) Gsell, *Recherches archéol. en Algérie*, p. 357.

(4) On lit sur deux inscriptions gravées sur des bases de statues, dans la première moitié du IVᵉ siècle (*I. L. A.*, 4011 et 4012) : « statuam marmo[ream] ... emtam atque advectam » et « sta-« tuam m[armoream]..., cuius em[tio]nem et evec[tionem] ... ordo ... perduxit. » Il est vrai que ces statues représentaient des proconsuls d'Afrique ; il était bien naturel de les faire exécuter à Carthage, où l'on avait, en quelque sorte, les modèles sous la main.

(5) *I. L. A.*, 2102, inscription de 366-7 après J.-C., relative à des mosaïques exécutées dans les thermes : « artificibus peregrinis adductis ».

(6) Les bases des colonnes sont attiques (une scotie entre deux tores et deux filets), plus rarement corinthiennes (deux scoties et trois tores ; il y en a même avec trois scoties).

tout à fait abâtardi. Deux cancels, découverts dans une maison [1], ne donnent pas une haute idée des ornemanistes de Madaure ; on y voit une tête de face (dans un de ces panneaux, c'est une tête du Soleil, flanquée de rayons), qu'entourent divers motifs de décoration ; le tout d'un travail sec et inexpérimenté. Un soffite, sur lequel s'étale un ample rinceau, est un morceau plus correct et plus large de style [2].

Fig. 1. — Statue de Romain

Bon nombre de statues en marbre sont sorties des fouilles ; la plupart seront décrites dans les pages qui suivent. Il est à croire qu'en général, elles ont été apportées toutes faites à Madaure ou qu'elles y ont été sculptées par des artistes étrangers. Les meilleures n'ont guère d'autre mérite que d'être d'un style correct.

Nous mentionnerons ici quelques œuvres qui furent probablement exécutées sur place, puisque ce sont des portraits. Une statue (fig. 1) [3], restée à peu près entière [4], représente vraisemblablement le propriétaire de la vaste maison dans laquelle elle gisait [5]. C'est un homme en toge, qui devait tenir un rouleau de sa main gauche, aujourd'hui détruite ; près de lui, est placé un coffret rectangulaire, surmonté de deux rangées d'autres rouleaux. Des statues identiques, dites municipales, furent faites par milliers dans l'Empire romain. Mais le visage a un caractère personnel très accusé et est le portrait fidèle

---

(1) Dans la maison dite du Magistrat, située sur la grande voie transversale, presque en face de la rue qui conduit au forum. L'un de ces cancels est ajouré ; l'autre, plein. Ils sont au théâtre romain de Guelma.

(2) Il a dû appartenir à un mausolée : v. *supra*, p. 23, n. 1.

(3) Hauteur : 1m80. Maintenant au théâtre de Guelma.

(4) La main gauche, qui manque, formait une pièce travaillée à part. Le nez est cassé. Le derrière est plat, la statue ayant été faite pour être adossée.

(5) C'est la maison qui, à cause de cette statue, a été appelée maison du Magistrat (conf. *supra*, n. 1).

d'un Madaurien du début du IIIe siècle[1] : tête large et vigoureuse, qu'encadrent une barbe courte et une chevelure abondante, répartie en petites boucles ; physionomie sérieuse et intelligente.

Plus récente est une tête[2] qui formait une pièce à part, encastrée sans doute dans une statue semblable. L'exécution est fort médiocre et l'aspect disgracieux. Les cheveux, collés au crâne, sont indiqués par des traits rayonnant symétriquement autour du front, que barrent trois rides profondes ; dans les yeux, l'iris, en demi-cercle, présente, au lieu d'une pupille, deux petits trous (procédé que l'on constate sur d'autres œuvres du IIIe siècle, depuis l'époque des Sévères) ; des rangées de stries obliques marquent les détails de la moustache et d'une courte barbe ; les oreilles, placées trop haut, se détachent en éventail. Cependant la figure ne manque pas d'originalité. Elle respire l'énergie et la force. Le portrait résistait à la décadence dans laquelle l'art s'effondrait et qui se manifeste pleinement dans une autre tête (fig. 2)[3], qu'on peut dater du commencement du Bas-Empire ; l'indigence de la technique n'y est même plus compensée par la recherche de l'expression.

Fig. 2. — Portrait de jeune homme.

Du moins, l'auteur savait encore tenir un ciseau. Mais que dire de deux petites têtes féminines, taillées dans du grès et sans doute fabriquées à Madaure même ? L'une[4] a des yeux énormes, des lèvres énergiquement pincées, des tresses qui pendent comme des ficelles ; l'autre[5], un crâne en pain de sucre, revêtu d'une chevelure à côtes symétriques, des yeux de travers, avec un trou rond dans lequel on a inséré un caillou noir, des joues gonflées, un nez à arête tranchante, une bouche qui fait la moue. Ce sont de lamentables caricatures. Il convient d'attribuer aussi à des ateliers locaux les bas-reliefs qui garnissent les monuments votifs et funéraires, exécutés en pierre calcaire. Ils sont d'ordinaire mauvais, parfois grotesques, n'ayant même pas le mérite

---

(1) Comme l'indique le travail. Les pupilles sont creusées, la barbe est figurée par des stries.

(2) Trouvée au Sud-Ouest des grands thermes. Grandeur nature. Nez cassé ; moustache, lèvres et menton endommagés.

(3) Recueillie près du forum, au Sud-Est. Grandeur nature. Nez cassé ; bouche, menton et oreilles endommagés. Le derrière est seulement dégrossi.

(4) Trouvée dans la forteresse. Hauteur 0^m16. Elle semble avoir été couverte d'un voile.

(5) Trouvée aussi dans la forteresse. Hauteur 0^m12

de sentir le terroir, car je suis incapable de découvrir un style africain dans ces misérables produits de gens ignorants de leur métier, comme il y en a eu en tout temps et en tout pays : la seule chose que l'on puisse dire, c'est qu'il y en avait en Afrique plus qu'ailleurs.

Les mosaïques offrent souvent des consolations à ceux que rebutent la banalité, la médiocrité ou la laideur de tant de sculptures répandues dans les ruines ou les musées de l'Afrique du Nord. Mais, du moins jusqu'à présent, il n'en est pas ainsi à Madaure. Des pavements qui décoraient plusieurs salles des thermes, il ne reste que quelques bribes insignifiantes, consistant en des motifs ornementaux très vulgaires. Dans des maisons du IIIe ou du IVe siècle, on a exhumé quelques mosaïques à figures. Elles représentent des sujets cent fois traités et sont d'une exécution grossière et peu correcte. Ici[1], un Amour allongé sur un dauphin, des chevaux marins, des poissons, des poulpes, un crabe, des coquillages, avec l'inscription *Utimini felices!* qui s'adresse aux propriétaires de cette demeure[2]. Dans la même ruine, une Néréide[3] sur un cheval marin, un poisson et des coquillages. Ailleurs[4], un médaillon contenant un buste de femme et entouré d'un cadre ornemental ; des oiseaux, paons et canards, et des vases. Ailleurs encore[5], sur la paroi intérieure d'une vasque en maçonnerie, établie dans une cour, des poissons, dont l'un est, autant qu'il semble[6], chevauché par un Amour. Tout cela est dépourvu d'intérêt.

<h2 style="text-align:center">V</h2>

Madaure n'a donc pas été un centre artistique. Mais le nom de cette humble colonie, presque perdue au fond de la Numidie, évoque, dans l'esprit des lettrés, de grands souvenirs.

C'est ici que naquit, vers l'année 125 de notre ère, Apulée[7], le plus

---

(1) Dans une maison du quartier central, entre la grande voie montante et le forum.

(2) *I. L. A.*, 2190.

(3) Elle a la tête nimbée.

(4) Dans une autre maison du quartier central.

(5) Dans une maison voisine des grands thermes, à l'Est de la rue montante.

(6) Cette mosaïque est en majeure partie détruite.

(7) Apulée, *De Platone*, III, p. 267. édit. Hildebrand : « ... si pro Apuleio dicas philosophum Platonicum Madaurensem ». Conf. le même, *Metam.*, XI, 27. Dans des *incipit* et des *explicit* de

célèbre des écrivains africains, — du moins, si l'on ne pense qu'aux païens, — celui par qui l'Afrique prit possession de la littérature latine, comme, un peu plus tard, elle prit, par Septime Sévère, possession de l'Empire. Son père parcourut toute la carrière municipale et il eut l'honneur d'être inscrit en tête de la liste des décurions [1]. Apulée n'oublia pas qu'il y avait là un exemple à suivre [2]. Mais Madaure était un cadre trop étroit pour sa belle intelligence et son insatiable curiosité. Tout jeune, il alla étudier à Carthage. Puis il voyagea, compléta son instruction à Athènes, fit à Rome le métier d'avocat. Revenu en Afrique, il vécut sans doute un certain temps dans sa ville natale, où il prit place parmi les décurions. Vers 155, ayant résolu de se rendre à Alexandrie, il s'arrêta à Oea (Tripoli), s'y maria et y demeura plusieurs années. Il est probable qu'il se fixa ensuite à Carthage. S'il retourna à Madaure, il n'y fit que de courts séjours.

Il serait donc assez vain de se demander en quoi le fait d'y être né put influer sur la formation de son esprit. On a vu [2] pour quelle raison il se qualifie de « semi-Numide et semi-Gétule » ; en rappelant ainsi la situation géographique de sa patrie, il n'entendait pas du tout se poser en fils de l'Afrique indigène. Savait-il le libyque et le punique, lui qui savait tant de choses ? Cela est douteux : il nous avertit lui-même que le punique n'était pas une langue dont les gens de bonne éducation dussent faire usage [3].

En réalité, cet enfant de Madaure fut semi-Latin, semi-Grec. Nous ignorons de quel pays sa famille était originaire, mais, dans la colonie romaine où son père tenait un rang fort distingué, ce fut certainement le latin qu'il parla dès son premier âge. Cette langue, qui était la sienne, il apprit à la manier à merveille et il tira parti de toutes les ressources qu'elle pouvait lui offrir : mots et tournures archaïques, poétiques, populaires, techniques, etc. Aux Grecs,

---

plusieurs manuscrits de ses œuvres, il est qualifié de *Platonicus Madaurensis*. Saint Augustin, *Civ. Dei*, VIII, 14 : « Apuleius Platonicus Madaurensis ». Le même, *Lettres*, CII, 32 : « Apuleius Madaurensis ». Sidoine Apollinaire, *Lettres*, IX, 13, 3 : « A Platonico Madaurensi ». — On rencontre quelques *Apulei* dans l'épigraphie de Madaure : *I. L. A.*, 2236, 2276/7, 2278, 2279.

(1) Apulée, *Apol.*, 24 : « ... in qua colonia patrem habui loco principis duumviralem, cunctis honoribus perfunctum ; cuius ego locum in illa re publica, exinde ut participare curiam coepi, nequaquam degener pari spero honore et existimatione tueor ». Pour le sens des mots *loco principis*, voir *Khamissa*, p. 18-19. — Conf. saint Augustin, *Lettres*, CXXXVIII, 4, 19 : « honesto patriae suae loco natus ».

(2) P. 5.

(3) *Apol.*, 98.

dont la langue lui fut également familière, il emprunta son bagage scientifique, ses doctrines philosophiques, les sujets de ses livres. Il fut l'heureux émule de ces sophistes fameux qui, de son temps, répandaient leur éloquence à travers l'Orient hellénique. Si l'on veut, l'on peut reconnaître en lui l'Africain à la netteté avec laquelle ses yeux savaient voir les traits extérieurs des choses, à son goût de la couleur, surtout à son manque de mesure, ardeur fébrile et désordonnée dans l'étude de tout ce que l'homme peut atteindre, intempérance de production littéraire, redondance de style.

Quoi qu'il en soit, Madaure se montra fière de lui. Des statues furent élevées à Apulée, de son vivant, dans plusieurs villes d'Afrique [1] : hommage qui s'adressait à sa gloire, mais qui convenait à sa beauté. Il en eut une aussi sur le forum de sa patrie. On y a retrouvé deux fragments d'une plaque de pierre [2], qui se raccordent et qui portent ces mots [3] : « ..., [ph]ilosopho [Pl]atonico, [Ma]daurenses cives, ornament[o] suo. D(ecreto) d(ecurionum), p(ecunia) [p(ublica)] [4] ». Au début de cette dédicace, qui devait être placée sur le devant d'un socle de statue, il faut évidemment restituer les noms d'Apulée [5]. Celui-ci avait « cultivé les neuf Muses avec un zèle égal » et « bu à toutes les coupes » de la science ; il avait écrit des ouvrages de médecine, d'histoire naturelle, d'astronomie, d'arithmétique, d'agriculture, d'histoire, des romans, des poésies badines, et même grivoises ; il avait disserté sur tous les sujets devant des auditoires charmés et enthousiastes. Mais cet homme, dont le savoir avait plus d'étendue que de profondeur, ce conférencier brillant et spirituel, qui était un piètre penseur, prétendait surtout être un philosophe. La philosophie, que son contemporain et compatriote, le Cirtéen Fronton, regardait comme l'ennemie

----

(1) Apulée, *Florides*, 16. Saint Augustin, *Lettres*, CXXXVIII, 4, 19.

(2) Assez loin l'un de l'autre : on verra (n. 4) que ces deux fragments n'étaient plus que des rebuts dès le IV⁰ siècle.

(3) *I. L. A.*, 2115.

(4) Cette dédicace, dont la gravure n'est pas excellente, n'est peut-être pas contemporaine d'Apulée. Dans ce cas, elle en aurait remplacé une autre, faite au temps du rhéteur : on ne peut guère admettre qu'il n'ait pas reçu dans sa patrie un hommage que d'autres cités lui accordaient avec empressement. Elle n'était plus en place vers le milieu du IV⁰ siècle, car le revers du premier morceau, déjà mutilé, a servi à graver le début d'une dédicace à l'un des fils de Constantin le Grand (*I. L. A.*, 4010). Il est cependant impossible de croire que la statue de l'homme qui, par sa gloire littéraire, avait tant illustré Madaure, ait cessé de se dresser sur le forum d'une ville si lettrée. Une dédicace nouvelle avait dû remplacer celle dont les débris nous sont parvenus.

(5) On ne connaît ni son prénom, ni son *cognomen*.

de la rhétorique, était pour lui « la science royale, inventée autant pour bien dire que pour bien vivre ». Il faisait montre d'une admiration sans bornes pour Platon, « l'homme divin », « le maître de sa vie ». Il avait exposé sa doctrine dans un traité, du reste confus et superficiel, dans des discours, semés de digressions, de traits pittoresques et d'anecdotes plaisantes ; il avait traduit le Phédon ; il prenait le titre de « philosophe platonicien » [1]. Ce fut ce titre, peut-être à l'exclusion de tout autre, que ses concitoyens joignirent à son nom sur la base de la statue qu'ils lui élevèrent.

L'orgueil d'avoir donné le jour à Apulée dut contribuer à faire de Madaure une ville où les belles-lettres étaient en grand honneur. Elle eut de bonnes écoles, dont les jeunes gens de la colonie ne furent pas les seuls élèves [2]. Après avoir fait ses premières études à Thagaste, où il était né en l'année 354, saint Augustin fut envoyé par ses parents à Madauros, pour s'y instruire dans la littérature et l'art de la parole [3]. Il n'y resta sans doute que peu de temps, car il n'avait pas encore seize ans quand il revint à Thagaste [4], d'où il partit bientôt pour Carthage.

Il ne perdit cependant pas le souvenir de ce séjour dans la patrie d'Apulée. Une vingtaine d'années plus tard, il se rappelait fort bien les statues qui décoraient le forum [5], les processions tumultueuses qui, lors de certaines fêtes, se déroulaient dans les rues [6]. Les Madauriens le regardaient un peu comme un des leurs. A des notables de la colonie qui n'avaient pas hésité à lui demander un service, quoiqu'ils ne fussent pas chrétiens, l'évêque d'Hippone répondit par une lettre où il les appelait « mes frères et mes parents de Madaure » [7] ; on peut supposer que ce terme « mes parents » était une allusion au lien créé par quelques mois d'une vie commune. Une autre lettre de saint Augustin, plus ancienne, — elle dut être écrite vers l'année

---

(1) Voir les textes cités p. 29, n. 7. Ajouter Apulée, *Apol.*, 10 ; Charisius, dans *Grammatici latini*, édit. Keil, I, p. 240. Saint Augustin, *Civ. Dei*, VIII, 12 : « in utraque lingua, id est Graeca et Latina, Apuleius Afer extitit Platonicus nobilis ».

(2) *I. L. A.*, 2769 : épitaphe chrétienne d'un jeune homme, qui mourut au cours de ses études.

(3) *Confessions*, II, 3, 5 : « Et anno quidem illo intermissa erant studia mea, dum mihi reducto a Madauris, in qua vicina urbe iam coeperam litteraturae atque oratoriae percipiendae gratia peregrinari... »

(4) Comparer ensemble *Confessions*, II, 2, 4, et II, 3, 5.

(5) *Lettres*, XVII, 1.

(6) *Ibid.*, 4.

(7) *Lettres*, CCXXXII, 7 : « fratres mei et parentes mei Madaurenses ».

390 [1], — est une réponse au grammairien Maximus de Madaure, avec lequel il avait déjà été en relations [2], qu'il avait connu peut-être dès le temps où il était étudiant. Ce Maxime paraît avoir été un personnage dans la ville où il s'était consacré à l'enseignement et où s'écoulait sa vieillesse [3] : il s'exprimait sur le ton guindé d'un pédant conscient de son importance [4].

Une épitaphe métrique [5], qui est de cette époque [6], concerne un professeur, très aimé dans sa patrie, où il remplit, autant qu'il semble, des charges municipales. On y lit aux quatre premiers vers :

> [Hic situs est (?)] Marius, factis et nomine quonda(m)
> . . . . o patriae dilectus amore.
> [Quinquaginta (?) [7]] docens explevit civibus annos,
> [Octoginta (?) ta]men vitae septemque peregit.

Au début du second vers devait figurer un adjectif dont dépendait *factis et nomine.* et qui était en même temps le *cognomen* de Marius. La suite de ce petit poème nous apprenant que la fille du mort avait pour *cognomen* Maxima, nous pourrions y trouver un motif de restituer :

> Hic situs est Marius, factis et nomine quondam
> Maximus, eximio [8] patriae, etc.

et nous demander — très timidement — si nous n'avons pas ici l'épitaphe du correspondant de saint Augustin.

On a recueilli dans les ruines un assez grand nombre d'épitaphes métriques, les unes païennes, les autres chrétiennes [9]. Elles témoignent assurément de l'estime où l'on tenait la poésie dans cette ville d'études,

---

(1) A une époque où le paganisme n'était pas rigoureusement proscrit en Afrique, par conséquent avant 399. Il ne semble pas que saint Augustin ait été alors évêque (il le devint en 395), ni peut-être prêtre (il le devint en 391).

(2) Maxime, *apud* saint Augustin, *Lettres*, XVI, 1.

(3) *Ibid.*, 1 et 4.

(4) Voir sa lettre à saint Augustin.

(5) *I. L. A.*, 2209.

(6) Comme l'indique la forme de certaines lettres.

(7) On peut proposer d'autres chiffres ici et au vers suivant.

(8) Ou « egregio ».

(9) *I. L. A.*, 2195, 2207, 2221, 2240, 2242, 2244, 2247, 2247 bis, 2248, 2249, 2768, 2769, 2770, 2771, 2772, 2773, 2774, 2774 bis, 2775, 2776. Les nos 2243, 2245, 2246, 2250, 2367/8 contiennent des bribes de vers. — Distiques au n° 2242 (A) ; sénaires iambiques au n° 2195 (et peut-être partiellement aux nos 2248 et 2249) ; hexamètres ailleurs.

mais non pas du talent de ceux qui les composèrent : ce sont des platitudes, versifiées généralement d'une manière incorrecte [1]. Nous aimons à croire que ces poètes pour cimetières ne cumulaient pas leur métier avec l'instruction de la jeunesse.

Il est probable qu'outre les lettres latines, on pouvait apprendre le grec dans les écoles de Madaure [2]. L'épigraphie ne nous en apporte pas la preuve : Mdaourouch n'a livré que deux inscriptions grecques, qui consistent l'une et l'autre en un nom propre [3]; encore la seconde est-elle simplement un gentilice latin transcrit en lettres grecques. Une épitaphe bilingue, latine et grecque, a été découverte dans la banlieue de Madaure, à Sidi Brahim [4]; nous y retrouvons un vers qui traînait dans les manuels [5].

L'enseignement comprenait sans doute encore quelques rudiments de connaissances scientifiques, peut-être même l'ensemble de ces sept arts libéraux, grammaire, dialectique, rhétorique, géométrie, arithmétique, astronomie, musique [6], que réunissait, dans sa curieuse encyclopédie en forme de roman, un contemporain de saint Augustin, l'Africain Martianus Capella [7]. Il se peut qu'une inscription funéraire mutilée concerne un professeur d'arithmétique [8].

---

(1) Quand les auteurs trouvaient ailleurs des vers qui pouvaient servir tels quels ou avec de légers changements, ils ne se faisaient pas faute de recourir à ce procédé expéditif. Ici, des emprunts se devinent (voir *I. L. A.*, aux n⁰ˢ 2207 et 2221) ; là, ils sont certains, car les mêmes vers se rencontrent dans des épitaphes différentes : *ibid.*, 2195 et 2248, .2240 et 2248, 2242 (B) et 2244, 2775 et 2776.

(2) On l'enseignait même aux enfants de la petite ville de Thagaste : saint Augustin, *Confessions*, I, 13, 20.

(3) *I. L. A.*, 2182, 2183. Ajouter un mot grec, *tecusa* (= τεκοῦσα) dans une épitaphe latine : 2239.

(4) *Ibid.*, 2817.

(5) Ἐνθάδε τὰν ἱ[ερὰν] κεφαλὴν κατὰ γ[αῖα] καλύπτει.

(6) A l'exclusion de la médecine et de l'architecture, que Varron avait comprises dans son encyclopédie, avec ces sept *disciplinae*. Dans les *Disciplinae* de saint Augustin, la philosophie prenait la place de l'astronomie.

(7) On lit dans plusieurs ouvrages modernes que ce Martianus Capella, — qui vécut certainement à Carthage, — était né à Madaure : voir, par exemple, Teuffel, *Geschichte der roemischen Literatur* (4ᵉ édit., par Schwabe), p. 1069 (il cite Cassiodore, mais sans donner une référence précise) ; Monceaux, *Les Africains*, p. 445 (sans référence). J'ai fait quelques recherches infructueuses pour essayer de retrouver un texte ancien à l'appui de cette assertion.

(8) *I. L. A.*, 2234.

VI

Ce qui devait frapper les visiteurs de Madaure, c'était le nombre de sanctuaires, plus encore que l'animation des écoles. Outre les personnages pourvus de dignités officielles, flamines perpétuels[1], pontifes[2], augures[3], il y avait dans cette ville dévote une foule de prêtres[4], spécialement attachés aux cultes de divers dieux. On a recueilli les débris d'une grande table[5], qui était, semble-t-il, exposée sur le forum et qui, sous une forme ingénieuse, rappelait aux passants leurs devoirs de piété. Les mots *Saepae* (sic) *sacrum sanctis Mauris facias libens* y sont répétés maintes fois, en lignes horizontales, en colonnes verticales, en lignes obliques, les lettres étant réparties dans les cases d'un vaste damier[6]. Ces *sancti Mauri* étaient les dieux africains, car le terme *Mauri*, dont le sens s'était étendu dans l'espace, désignait alors tous les indigènes de l'Afrique du Nord[7]. Mais les Madauriens, aussi éclectiques qu'Apulée dans leur ferveur religieuse, adoraient des divinités venues de partout. Quelques-unes de celles auxquelles s'adressent des dédicaces retrouvées dans les ruines nous sont même tout à fait inconnues : *Chalimace Aug(usto) sac(rum)*[8]; *Damioni Aug(usto) sacrum*[9]; *Lilleo Aug(usto)*[10]; peut-être sont-ce des dieux locaux, mais je n'oserais pas l'affirmer.

Colonie romaine, Madaure avait naturellement un Capitole[11], demeure de

---

(1) *I. L. A.*, 2049, 2055, 2056, 2071, 2082, 2101, 2118, 2128, 2129, 2130, 2131, 2133, 2141, 2143, 2144, 2145, 2147, 2148, 2154, 2194, 2206, 2207, 4011. — *Flam(en) Aug(usti) per(petuus)* au nº 2201.

(2) *Ibid.*, 2142, 2146, 2148.

(3) Jusqu'à présent, on n'en a trouvé aucune mention.

(4) Ce qu'a déjà constaté Masqueray, *Bull. de correspondance africaine*, I, 1882-3, p. 295.

(5) *I. L. A.*, 2078 (et un autre fragment aux *Additions*).

(6) Un fragment d'une table analogue, mais où les cases sont plus petites, a été découvert entre les thermes et la forteresse : *ibid.*, 4008.

(7) Conf. *I. L. A.*, au nº 2033.

(8) *Ibid.*, 2034 (petit autel). On peut lire *Chalimage*.

(9) *Ibid.*, 2036 : dédicace faite par un *canistr(arius)*.

(10) *Ibid.*, 2053 (petit autel de l'époque de Sévère Alexandre) : dédicace par un prêtre de Caelestis.

(11) *Ibid.*, 2146 : inscription où deux époux sont qualifiés de *sacerdotes Kapitoli*.

Iuppiter Optimus Maximus, de *Iuno Regina* et de *Minerva* [1]. Des inscriptions mentionnent des prêtres de Jupiter [2]. Dans les fouilles du forum, on a exhumé le bas d'une statue de Minerve [3]; ailleurs [4], une tête qui a appartenu à une seconde statue de cette déesse (pl. XIII bis, fig. 1) [5].

Un autre dieu introduit en Afrique par la conquête latine, Mars, avait droit à des honneurs particuliers dans une colonie de vétérans. Nous parlerons plus loin des deux statues qui se dressaient sur le forum [6]. Une inscription fort mutilée, dont les débris étaient épars sur la place et dans le théâtre, est la dédicace d'un temple de Mars [7]. Ce fut peut-être dans un sanctuaire de ce dieu [8] qu'un flamine perpétuel, ancien duumvir, fit exécuter des réparations [9] : « ianuam, pronaum c[um] omnibus suis (ornamentis), itemque parietem vetustate dii[a]psum res[ti]tuit ». Enfin, le nom de Mars figurait sur un autel en marbre [10]; il a été partiellement martelé [11].

Le culte impérial, confié aux flamines perpétuels, était, comme ceux de la triade Capitoline et de Mars, un hommage rendu à la puissance romaine.

---

(1) Maxime de Madaure (*apud* saint Augustin, *Lettres*, XVI, 2) mentionne Jupiter, Junon et Minerve, avec Vénus et Vesta, parmi les dieux que l'on adorait dans sa patrie.

(2) *I. L. A.*, 2216, 2217, 2223 (?). Étaient-ce des prêtres du Capitole? ou d'un autre sanctuaire, consacré spécialement à Jupiter? Je l'ignore.

(3) V. *infra*, chap. II, § III.

(4) Au Nord-Ouest de la forteresse.

(5) Marbre. Hauteur 0m32. Le nez est cassé ; la bouche, le menton et le côté droit du casque sont endommagés. Au sommet du casque, trois trous, qui servaient à maintenir un cimier, sans doute en métal. Travail correct. — Un moule en terre cuite (haut de 0m15), trouvé près du forum, au Sud-Est, représente un buste de Minerve (le casque est presque entièrement détruit). La déesse porte l'égide, avec une tête de Méduse et des serpents ; au-dessous, une chouette. Les ornements qui entourent le buste paraissent indiquer qu'on tirait de ce moule des appliques.

(6) Chap. II, § III.

(7) *I. L. A.*, 2055 (table de marbre).

(8) Il ne reste plus que la dernière lettre du nom de la divinité : ...*i Aug. sacrum*. L'espace disponible autorise la restitution [*Mart*]*i*, qui n'est cependant pas certaine.

(9) *I. L. A.*, 2056.

(10) *I. L. A.*, 2054. Trouvé dans les grands thermes.

(11) Un bas-relief très mutilé (figure cassée, etc.), découvert dans le quartier central, au Nord-Est de la forteresse, représente un dieu qui porte une cuirasse et un manteau militaire ; il tient de sa main gauche une lance ou un sceptre, de sa main droite baissée un objet dont il ne reste que l'extrémité, allongée et arrondie. La tête, aux cheveux longs et abondants, est coiffée d'un *modius*, ce qui ne permet pas de reconnaître Mars dans cette image. Je ne sais pas qui elle représente. Ce ne peut être le dieu oriental Jupiter Dolichenus, qui porte le même costume, mais qui a pour attributs la double hache et le foudre.

Il devait être célébré avec un grand éclat. Un temple des empereurs divinisés, *aedes Divorum*, fut élevé sous Hadrien en exécution d'un décret du conseil des décurions; c'était un édifice important, décoré de colonnes en marbre [1].

On sait que *Saturnus* était le nom qu'avait reçu le dieu punique Baal Hammon [2]. Un *cognomen* qui se lit sur une épitaphe de Mdaourouch [3] en est, croyons-nous, un curieux témoignage : *Saturbalius*, nom hybride, composé, selon toute vraisemblance, de *Saturnus* et de *Baal*. Ce Saturne, adoré presque partout en Afrique aux premiers siècles de notre ère [4], eut des prêtres à Madaure [5]. Un lieu saint lui était probablement consacré, en dehors de la ville, selon l'usage [6]. A 1.200 mètres environ au Sud des ruines, sur la pente du Dra Snoubeur et à la lisière de la forêt, on voit une trentaine de monuments votifs, les uns encore dressés, les autres jonchant le sol. Ce sont surtout des stèles [7]; il y a cependant trois autels. Des personnages, hommes en toge ou femmes, debout, parfois auprès d'un autel, sont sculptés sur ces pierres : images grossières, devenues très frustes, qui ne sont pas accompagnées d'inscriptions [8]. Si l'on retournait le terrain, l'on y trouverait sans doute, sous les stèles et autels érigés par les dévots, les restes des victimes qu'ils avaient sacrifiées, les vases ayant contenu les offrandes non sanglantes qu'ils avaient apportées : ce que des fouilles ont permis de constater dans plusieurs sanctuaires du Saturne africain [9]. Dans les ruines mêmes de Madaure, au Sud-Ouest de la forteresse, ont été recueillis deux morceaux d'un petit fronton, placé à l'entrée de quelque chapelle ; nous y lisons une dédicace *Frugifero Augusto*, faite à la fin du second siècle [10]. Elle peut s'adresser soit à Saturne, soit à Pluton : l'un et l'autre étaient qualifiés de *Frugifer*. C'est peut-être Saturne qu'une statue, dont

(1) *I. L. A.*, 2082.

(2) Voir, entre autres, Gsell, *Histoire ancienne de l'Afrique du Nord*, IV, p. 287 et suiv.

(3) *I. L. A.*, 2534.

(4) Voir, par exemple, *Khamissa*, p. 37 ; *Announa*, p. 31.

(5) *I. L. A.*, 2215, 2222. Mention d'un autre prêtre de Saturne, sur une épitaphe découverte à Sidi Brahim : *ibid.*, 2816. Voir aussi n° 2819, ex-voto à Saturne, qui a peut-être été trouvé dans la région de Mdaourouch.

(6) Conf. *Announa*, p. 32, n. 1. *I. L. A.*, 1109.

(7) A sommet arrondi, parfois avec des acrotères. Une seule est pointue.

(8) Ce qui prouve que ce ne sont pas des monuments funéraires, où l'épitaphe est l'essentiel.

(9) Voir *Announa*, p. 31-32 ; Gsell, *Histoire*, IV, p. 415 et suiv.

(10) *I. L. A.*, 2041.

malheureusement il ne reste que le bas, représente assis sur un trône (pl. XIII *bis*, fig. 5); on l'a découverte auprès des grands thermes [1].

Caelestis était aussi une divinité d'origine punique [2]. Deux de ses prêtres sont mentionnés sur des inscriptions qui datent de Sévère Alexandre [3]; un ex-voto, trouvé près de Mdaourouch, à Sidi Brahim, lui est dédié [4].

On a vu [5] que l'exploitation d'une banlieue fertile fut sans doute la principale ressource des Madauriens. Il est donc naturel que, comme les gens de Thubursicu [6], ils aient adoré avec un grand zèle des divinités protectrices de l'agriculture : *Saturnus Frugifer* et *Caelestis*, « la prometteuse de pluies » [7], et aussi les *Cereres* et *Pluto*. Les *Cereres*, c'est-à-dire Déméter et sa fille Coré, étaient grecques, mais leur culte fut importé en Afrique par les Carthaginois dès le début du IVe siècle avant J.-C. [8] et s'y propagea si bien que, sous l'Empire romain, on ne se souvenait pas toujours de leur origine étrangère [9]: *Ceres Africana*, dit Tertullien [10], et l'épithète *Maurusia*, donnée à Cérès sur une inscription de Mdaourouch [11], est synonyme d'*Africana*. *Tellus*, qui se rencontre souvent dans l'épigraphie africaine, n'est autre, croyons-nous, que *Ceres* la mère [12]. Nous avons à Madaure des épitaphes d'une *sacerdos Cererum* [13], de plusieurs *sacerdotes Telluris* [14],

---

(1) Sur la voie montante. Marbre. Grandeur nature. Le dieu porte un manteau, qui passe derrière le dos et couvre les jambes, la poitrine restant nue ; l'un des bouts de ce manteau tombait de l'épaule gauche contre le flanc. Les pieds sont chaussés de sandales. La main droite était ramenée vers le ventre. Elle ne tenait certainement pas un foudre : cette statue ne représentait donc pas Jupiter. On pourrait penser à Pluton ; mais celui-ci porte d'ordinaire une tunique. L'exécution n'est pas mauvaise. Le derrière, destiné à être adossé, n'a pas été travaillé.

(2) Gsell, *Histoire*, IV, p. 261 et suiv.

(3) *I. L. A.*, 2053, 2060.

(4) *Ibid.*, 2815.

(5) P. 17.

(6) *Khamissa*, p. 37.

(7) Tertullien, *Apol.*, 23. Conf. *Announa*, p. 38.

(8) Gsell, *Histoire*, IV, p. 346 et suiv.

(9) Voir cependant *C. I. L.*, VIII, 10564 = 14381 : « Cereri Graeca[e] ». Même épithète sur une inscription découverte récemment à Djemila.

(10) *Ad uxorem*, I, 6 ; *De exhortatione castitatis*, 13. Conf. Gsell, *Histoire*, IV, p. 269.

(11) *I. L. A.*, 2053 : « Deae Caereri (*sic*) Maurusiae Aug(ustae)».

(12) Gsell, *Histoire*, IV, p. 348, n. 1.

(13) *I. L. A.*, 2219. Peut-être aussi 2231.

(14) *Ibid.*, 2213, 2214, 2227.

d'une *sacerdos magna*[1], titre qui désignait spécialement les grandes prêtresses des *Cereres*[2]. C'étaient, comme ailleurs[3], des femmes âgées. A la même famille religieuse appartenait une *canistraria* (porteuse de corbeille contenant les objets sacrés), qui fit exécuter une statuette de *Ceres Maurusia*[4].

A environ 250 mètres au Sud-Ouest de la forteresse, presque au pied du Koudiat Dra Douamis, où était le principal cimetière romain, Toussaint a dégagé, il y a un quart de siècle, quelques vestiges d'un temple[5] : pierres de taille éparses, fragments de corniches, chapiteau de pilastre corinthien ; débris d'un autel, qui avait 1^m60 de largeur ; statue féminine drapée, privée de sa tête et de ses mains, qui a pu être une image de Cérès[6] ; enfin deux bas-reliefs fort barbares, représentant des *canistrariae*. Il n'est guère douteux que cet édifice n'ait été consacré à *Ceres*, ou plutôt aux *Cereres* ; conformément à la règle qui s'appliquait aux sanctuaires de ces déesses comme à ceux de Saturne, il était en dehors de la ville[7].

Nous ne saurions dire quand un autre dieu d'origine grecque, *Pluto*, fut introduit dans l'Afrique du Nord[8], où nous le trouvons parfois associé aux *Cereres*[9]. Une pierre cintrée, dont les Byzantins ont fait un dessus de porte dans une tour de leur forteresse[10], nous montre les deux bustes, disposés symétriquement, de Pluton et de son épouse Coré (*Ceres* la jeune); celle-ci est coiffée d'un *calathos* et tient un flambeau[11]. *Pluto* apparaît seul

---

(1) *Ibid.*, 2218.

(2) Conf. *ibid.*, au n° 886.

(3) *Khamissa*, p. 38, n. 8.

(4) *I. L. A.*, 2033.

(5) Conf. Gsell, *Monuments antiques*, I, p. 152-3.

(6) C'est, si je ne me trompe, la statue publiée par S. Reinach, *Répertoire de la statuaire*, III, p. 195, fig. 5, avec cette indication : « Madaure. Phot. comm. p. Cagnat ».

(7) Il y avait peut-être une ou deux statues de Cérès sur le forum : voir chap. II, § III.

(8) Conf. Gsell, *Histoire*, IV, p. 297.

(9) *Ibid.*, p. 268, n. 6 ; p. 297, n. 3 ; p. 348, n. 1.

(10) Diehl, *Nouv. Archives des Missions*, IV, 1893, p. 346-7 et pl. x (conf. le même, *L'Afrique byzantine*, pl. vii). Gsell, *Musée de Tébessa*, p. 34, n. 9.

(11) Le buste du dieu est presque entièrement engagé dans la construction byzantine. On peut reconnaître qu'il est vêtu d'une tunique, qu'il a une barbe frisée et que ses cheveux retombent en boucles le long de ses tempes, ce qui convient à Pluton. Entre les deux bustes, un rinceau et, au milieu, au-dessus de l'arcade, un masque.

sur des dédicaces que lui firent deux de ses prêtres [1] et sur des épitaphes qui mentionnent également des prêtres du dieu [2] ; l'une d'elles [3] emploie, non le terme *sacerdos*, mais *antistes*, qui peut désigner un grand prêtre.

Liber Pater (ou simplement *Liber*), — que nous avons pris l'habitude d'appeler Bacchus, — n'était pas moins honoré à Madauros [4] qu'à Thubursicu [5], deux cités dont le territoire n'était pourtant guère propice à la culture de la vigne [6]. Ce qu'on attendait surtout de lui, c'était l'assurance d'une immortalité bienheureuse après la vie terrestre. Une épitaphe métrique [7] l'indique assez clairement : « Illustre sectateur d'un culte sacré, tu reposes en paix... Gagne le séjour des âmes pieuses, là où les défunts festoient [8]. » Les Madauriens qui étaient, comme Apulée [9], initiés aux mystères de Liber, ces *sacrati* [10] que saint Augustin mentionne dans sa lettre au grammairien Maxime [11], formaient une confrérie, laquelle avait ses dignitaires [12]. Ils célébraient leurs cérémonies secrètes dans un sanctuaire particulier [13], sans doute une annexe du temple public. Le clergé comprenait

---

(1) *I. L. A.*, 2065, 2066.

(2) *Ibid.*, 2008, 2211, 2224, 2229.

(3) *Ibid.*, 2220.

(4) Outre les inscriptions que nous mentionnons ci-après, voir les dédicaces 2051, 2052, 2052 bis.

(5) *Khamissa*, p. 39-40.

(6) Conf. *supra*, p. 18.

(7) *I. L. A.*, 2221 : table portant une inscription qui est enfermée dans une couronne. Pour cette épitaphe, voir Cumont, *Comptes rendus de l'Acad. des Inscriptions*, 1912, p. 151-6. Elle n'indique pas expressément les mystères auxquels le mort était initié, mais il est très probable que c'étaient ceux de Liber, dont les *sacrati* sont mentionnés par d'autres textes à Madaure.

(8)   Inclyte sacrorum cultor, secure quiescis.
Hic iuvenis, quem tellus habet, quem Tartarus ipse.
Qu(a)cre piam sedem : hic enim sepulti decumbunt.

(9) *Apol.*, 55. Apulée était, du reste, initié à d'autres mystères.

(10) On trouve l'expression *sacrorum cultor* dans l'épitaphe métrique qui vient d'être citée. *Lenaei Pat(ris) cultor* sur une autre inscription métrique : *I. L. A.*, 2207.

(11) *Lettres*, XVII, 4 : « ... Liberum illum, quem paucorum sacratorum oculis committendum putatis ».

(12) *I. L. A.*, 2131 : « ordo sacrator(um) ».

(13) *Ibid.* : (un prêtre de Liber) « aedem sanctuari suis sumptib(us) fecit ». Cette inscription a été trouvée à une centaine de mètres à l'Est de la forteresse. Mais, comme elle était employée dans un mur de très basse époque, elle ne nous renseigne pas sur l'emplacement du sanctuaire.

des prêtres[1] et des prêtresses [2], et l'aristocratie municipale en faisait volontiers partie[3].

En divers lieux avaient été érigées des statues de Liber, reproductions à peu près uniformes d'un type très répandu. On en a trouvé deux dans les thermes[4]. D'une autre, plus petite que nature, il ne reste que le torse, découvert derrière le théâtre (pl. XIII, fig. 4)[5]. Les formes délicates du corps et les deux boucles qui retombent sur les épaules permettent de reconnaître Bacchus; le bras gauche était levé, le bras droit abaissé : les deux mains devaient tenir, l'une le thyrse, l'autre le canthare. Un torse plus grand (fig. 3), recueilli près du forum, à l'Est, a peut-être appartenu à une statue semblable[6] ; cependant, comme les formes juvéniles accusent une certaine vigueur, on peut se demander si l'on n'est pas plutôt en présence d'un Apollon. Enfin, une main droite abaissée, tenant un canthare, est un débris d'une statuette de Liber[7].

Mercure avait un sanctuaire sur la rue montante, auprès des grands thermes : salle rectangulaire, de 6^m90 sur 6^m05[8], qui était coiffée d'une voûte d'arête[9] et qui offrait à l'Est une niche

Fig. 3. — Bacchus ou Apollon.

(1) *I. L. A.*, 2052, 2131 et 2207, 2225, 2228.

(2) *Ibid.*, 2205.

(3) *Ibid.*, 2052, 2131 et 2207.

(4) V. *infra*, chap. III, § IV.

5) Marbre. Hauteur de ce qui reste 0^m63. Facture correcte.

(6) Marbre. Hauteur de ce qui reste 1 mètre. Une boucle de la chevelure retombe en avant de chaque épaule. La tête était ceinte d'une bandelette, dont les bouts subsistent. Travail assez bon, mais sec.

(7) Je l'ai trouvé à l'agence et j'ignore en quel lieu il a été exhumé. Vérification faite, ce fragment n'appartient pas aux deux statuettes de Bacchus qui sont sorties des fouilles. Exécution fort médiocre.

(8) Dimensions intérieures. Cette salle sert maintenant de chambre dans l'agence.

(9) Reposant sur des contreforts intérieurs.

pour abriter une statue. Celle-ci était tombée sur le sol, mais sans en éprouver de mal (pl. XIII, fig. 1) [1]. Le dieu se reconnaît aux deux petites ailes qui sortent de sa chevelure et aux attributs qu'il tient, le caducée et la bourse. Il est presque complètement nu : sa chlamyde, pourvue d'une fibule ronde, est simplement posée sur l'épaule gauche et ramenée sur l'avant-bras. A sa droite, le sculpteur a ébauché un coq, qu'il n'a pas achevé, et il a laissé brute, contre la jambe de Mercure, la partie du bloc de marbre dans laquelle cet animal devait être taillé [2]. Le travail est, en général, correct, mais sans vie. La tête paraît un peu trop grosse ; le froncement des sourcils et les lèvres serrées donnent au visage un air revêche. Dans la même ruine, on a découvert une dédicace à Mercure [3], sur un couronnement de base, trop petit pour avoir appartenu au socle de la statue conservée.

Il est probable que cette chapelle, assez exiguë, n'était pas le seul lieu de Madaure où l'on adorât publiquement Mercure, qui avait des prêtres particuliers [4] et dont la popularité est attestée par des débris d'autres statues [5], par de nombreuses dédicaces, gravées sur des bases ou sur des autels [6]; surtout par des bas-reliefs, presque tous fort grossiers et manifestement faits à l'usage des petites gens. On en a déjà trouvé une douzaine sur différents points de la ville [7]. Hauts de 0^{m}60 à 1 mètre, parfois davantage [8], ils représentent le dieu entièrement nu ou portant la chlamyde, la

----

(1) Marbre. Grandeur nature (hauteur 1^{m}81, base comprise). Il manque une partie du caducée ; les ailes sortant de la chevelure sont un peu mutilées. Cette statue est aujourd'hui au théâtre romain de Guelma.

(2) Ce qui peut faire supposer qu'il travaillait sur place, car on n'aurait sans doute pas expédié de Carthage ou d'ailleurs une statue ainsi inachevée.

(3) *I. L. A.*, 2057.

(4) *I. L. A.*, 2212. Au n° 2063 (qui est d'époque assez basse), mention d'un père et d'un fils, tous deux « sacerdotes Virtutis, ide[m](= item) Mercuri ».

(5) Fragment trouvé près du forum, au Sud-Est. Marbre. Grandeur nature. Une jambe droite, avec des ailettes au-dessus du pied. Elle s'appuie à un tronc, le long duquel grimpe un scorpion ; au pied de ce tronc, une tortue ; au delà, un bouc, fort mutilé. Le derrière est seulement dégrossi. — Fragment d'une statue en marbre, plus petite que nature, trouvé dans le même quartier : un pied, muni d'ailettes.

(6) *I. L. A.*, 2058, 2058 bis, 2059, 2060, 2062, 2063, peut-être 2064 et 2064 bis. Base trouvée dans une petite ruine, à 1.500 mètres environ au Nord-Est de Mdaourouch : 2061. — Dédicace à Mercure et à Vesta : 4006.

(7) Trois dans la forteresse. L'un d'eux est encastré au-dessus de la grande porte, à l'intérieur.

(8) Un de ces bas-reliefs, en pierre calcaire comme les autres, est minuscule : il a seulement 0^{m}09 de hauteur.

tête munie d'ailettes, la bourse et le caducée aux mains. D'ordinaire, il est accompagné d'un ou plusieurs de ses animaux favoris : le coq[1], le bouc, la tortue et le scorpion. Nous donnons fig. 4 la reproduction d'un de ces bas-reliefs[2], un peu moins mauvais que les autres ; l'image divine, flanquée des quatre animaux[3], s'y dresse sur un socle, à l'intérieur d'un édicule dont le fronton est soutenu par deux colonnes. La fig. 5 reproduit un autre bas-relief[4], sur lequel Mercure[5] se montre en compagnie de deux déesses : l'une, qui est certainement Vénus, à demi-nue, tenant d'une main sa chevelure, de l'autre une draperie qui couvre ses jambes, mais non pas ses parties sexuelles ; la seconde, vêtue d'une tunique et d'un manteau, tenant

Fig. 4. — Mercure.

une patère et une corne d'abondance ; on pourrait y voir la Fortune[6] et chercher à expliquer, par des hypothèses ingénieuses autant que fragiles, l'association de ces trois divinités.

Mercure était pour les Romains le dieu du commerce[7]. A Madaure, comme ailleurs, il tient la bourse, attribut qui convient au *lucri reperator*. Deux des bas-reliefs que nous

Fig. 5. — Mercure et deux déesses.

---

(1) Une fois, Mercure est debout sur le coq.

(2) Trouvé au Sud-Ouest de la forteresse. Hauteur 0^{m}95, largeur 0^{m}59, épaisseur 0^{m}52.

(3) Le coq a fait de la tortue un perchoir.

(4) Trouvé au Sud de la ville, sur la grande rue montante. Hauteur 0^{m}57, largeur 0^{m}77, épaisseur 0^{m}60. Le travail est mauvais.

(5) Flanqué des quatre animaux.

(6) Cela serait certain si cette déesse tenait, avec la corne d'abondance, un autre attribut ordinaire de la Fortune, le gouvernail.

(7) Conf., par exemple, à Thibilis où sa statue se dressait au milieu du marché : *Announa*, p. 77.

venons de mentionner étaient encastrés au fond de deux petites usines où l'on fabriquait de l'huile et où l'on s'efforçait assurément de la vendre avec profit. Mais Madaure ne fut guère une ville commerçante. Nous pouvons nous demander si la recherche du gain était l'unique cause de la faveur dont Mercure jouissait en ce lieu, ainsi qu'en beaucoup d'autres lieux de l'Afrique du Nord. Peut-être une vieille divinité punique se dissimulait-elle souvent sous le nom latin de *Mercurius* et sous ses traits classiques [1]. N'oublions pas non plus qu'Hermès, le Mercure grec, était le dieu de l'éloquence et qu'on apprenait à bien parler dans les écoles de Madaure ; qu'il était aussi le dieu de la palestre, de ces *gymnasia* dont nous trouvons la mention dans deux inscriptions [2].

Un temple d'Hercule, pourvu de portiques, tombait de vétusté au temps de Dioclétien ; le proconsul d'Afrique chargea le légat de Numidie de le réparer et, soucieux sans doute de faire sa cour à l'un des deux empereurs, Maximien, dit *Herculius*, il vint présider la cérémonie qui rendit le sanctuaire au culte [3]. Deux dédicaces au même dieu sont plus anciennes [4] ; l'une fut faite par un prêtre [5]. C'est peut-être Hercule que représente un torse aux formes robustes, à la virilité fortement accusée, débris d'une statue plus petite que nature, exhumé au Nord-Est du théâtre (pl. XIII, fig. 5) [6]. Il n'est pas nécessaire d'admettre que cet *Hercules* adoré dans la colonie romaine de Madauros ait été le Melqart phénicien.

Il n'y a pas lieu non plus de reconnaître Eshmoun dans l'Esculape dont la statue se dressait, avec celle d'Hygie, dans les grands thermes [7], comme

---

(1) Conf. Gsell, *Histoire*, IV, p. 330. Nous n'avons cependant pas d'indices qu'il en ait été ainsi à Madaure.

(2) Conf. *supra*, p. 20, n. 5. — Apulée possédait une statue de Mercure en bois d'ébène dont il ne se séparait pas ; ses ennemis l'accusaient de s'en servir pour des opérations magiques (*Apol.*, 61 et suiv.). Ce Mercure n'avait sans doute de commun que le nom avec celui qu'on adorait à Madaure.

(3) *I. L. A.*, 2048 : table découverte sur le forum, au Sud.

(4) *Ibid.*, 2047 : table qui était employée dans un escalier débouchant sur le côté Est du forum ; 2049 (et aux *Additions*) : autel trouvé au Sud du forum.

(5) Nº 2047 (époque de l'empereur Valérien).

(6) Marbre. Hauteur de ce qui reste 0ᵐ58. Vestiges d'une draperie ou d'une peau, qui devait être jetée sur l'épaule gauche et qui allait probablement s'enrouler autour du bras. Travail médiocre.

(7) On y a trouvé aussi des dédicaces à ces divinités. V. *infra*, chap. III, § IV.

dans beaucoup d'autres thermes antiques [1] : c'étaient les dieux classiques de la santé [2].

Neptune était adoré en Afrique comme le maître des sources [3] : un de ses prêtres lui éleva un autel à l'Aïn Bou Sessou, à deux milles de la ville [4].

Du culte de Vénus, nous avons pour témoignages le bas-relief où elle est figurée auprès de Mercure [5], deux dédicaces [6], un passage de la lettre de Maxime à saint Augustin [7], une statue des grands thermes [8] et, si l'on veut, une tête en marbre, fort mutilée (pl. xiii bis, fig. 3) [9]. Une dédicace, faite par deux prêtres [10], s'adresse « [Deae] sa[nct(a)e V]en[eri; Erucin(a)e Aug(ustae) » [11], à la Vénus de l'Éryx, adoptée par les Romains, mais qui fut peut-être introduite avant eux en Afrique [12].

Vesta, associée par deux dévots à Mercure [13], était sans doute venue directement de Rome : c'est la seconde mention épigraphique qu'on ait d'elle dans les provinces africaines [14]. Deux sculptures en grès, d'un

---

(1) Voir les références données *I. L. A.*, au n° 1220.

(2) Un fragment d'une statue en marbre, un peu plus grande que nature, semble avoir appartenu aussi à un Esculape. Il ne reste que les cuisses, couvertes d'un manteau, et, contre la cuisse droite, une main, tenant le bout d'un bâton. Ce débris a été trouvé près du forum.

(3) Conf. *Khamissa*, p. 95, n. 2 ; Gsell, *Histoire*, IV, p. 334.

(4) *I. L. A.*, 2825 ; v. *supra*, p. 22, n. 1. — Dédicace à Neptune, découverte récemment dans la ville même, à l'Est de la forteresse : *I. L. A.*, 4007 bis.

(5) *Supra*, p. 43. Et aussi le bas-relief de Priape, mentionne plus loin, p. 48-49, n. 12.

(6) *I. L. A.*, 2067 (couronnement d'une base, trouvé dans les grands thermes et paraissant se rapporter à la statue mentionnée ci-après) ; *ibid.*, 2068.

(7) Voir p. 36, n. 1.

(8) *Infra*, chap. III, § IV.

(9) Trouvée derrière le théâtre. Grandeur nature (hauteur 0m30). Nez, bouche et menton cassés ; yeux, sourcils et bas du front endommagés. Cette tête, surmontée d'un diadème en forme de croissant, était, autant que la mauvaise conservation permet d'en juger, celle d'une déesse, aux traits idéalisés, non le portrait d'une impératrice. Elle peut représenter Vénus. Travail médiocre, très sommaire par derrière.

(10) Il n'est pas sûr que ce soient des prêtres de la Vénus de l'Éryx.

(11) *I. L. A.*, 2069.

(12) Voir *Announa*, p. 40-41 ; Gsell, *Histoire*, IV, p. 348-9.

(13) *I. L. A.*, 4007. Le grammairien Maxime indique Vesta parmi les divinités adorées à Madaure : voir p. 36, n. 1.

(14) Autre mention de Vesta sur une inscription de Thuburbo Majus : de Pachtere, *Bull. archéol. du Comité*, 1911, p. 386.

travail exécrable, représentent l'une et l'autre les deux faces opposées de Janus [1].

Les abstractions divinisées étaient en grande faveur à cette époque [2]. A Madaure, nous trouvons la Fortune, la Concorde, la Victoire, la *Fides Publica* [3], la *Felicitas Augustorum* (Marc-Aurèle et Lucius Vérus ?) [4] ; une dédicace s'adresse même *Fato Aug(usto)* [5]. La Fortune, dont une ou deux statues décoraient les grands thermes [6], avait son temple, que l'on restaura sous le Bas-Empire [7]. A la Concorde, un sanctuaire plus modeste fut érigé, vers le début du IIIe siècle, par un fonctionnaire de l'ordre équestre [8]. Sous Nerva, un ancien soldat, devenu décurion dans la jeune colonie, éleva un autel ou une statue à la Victoire [9]. Une statuette en bronze, représentant cette divinité, peut avoir été placée dans une chapelle domestique [10]. On ne sait comment appeler d'autres déesses que des imagiers populaires ont figurées avec une corne d'abondance, mais en négligeant d'indiquer leur nom [11].

------

(1) Trouvées l'une aux abords des thermes, l'autre au Nord-Est de la forteresse. Elles sont plus petites que nature (hauteur 0m20 et 0m19).

(2) Conf. *Announa*, p. 39.

(3) *I. L. A.*, 2039 : base ; dédicace officielle.

(4) *Ibid.*, 2038 : autel ; dédicace officielle.

(5) *Ibid.*, 2037.

(6) V. *infra*, chap. III, § IV. *I. L. A.*, 2040 : dédicace sur une base qui portait peut-être une de ces statues.

(7) *I. L. A.*, 2103 (de 379-383 après J.-C.) : deux morceaux d'une table, exhumés l'un à l'intérieur, l'autre au Nord de la forteresse. Ce temple était peut-être alors désaffecté : voir p. 17, n. 1.

(8) *I. L. A.*, 2035 : table mutilée, trouvée dans les grands thermes. Du nom de la divinité, il ne reste que les deux premières lettres et un débris de la troisième. Le sanctuaire paraît n'avoir coûté que 40.000 sesterces : ce n'aurait été qu'une chapelle.

(9) *I. L. A.*, 2070.

(10) Trouvée dans le quartier central, à l'Est de la forteresse ; aujourd'hui au musée de Guelma. Hauteur 0m25, socle compris. Bien conservée, sauf les ailes et les objets que tenaient les mains (probablement une couronne et une palme). La déesse est à peu près nue ; une draperie, enroulée autour de l'avant-bras gauche, couvre le bas du ventre et la jambe droite. L'artiste a naïvement attaché les ailes à des courroies, qui se croisent sur la poitrine. Facture fort médiocre.

(11) Dé, haut de 1m35, large et épais de 0m50, trouvé à l'Est du forum. Un bas-relief y représente une déesse, vêtue d'une tunique et d'un manteau, tenant la corne de la main gauche. — Fût de colonne, près de l'église urbaine : déesse, couronnée de feuillage, tenant de la main gauche la corne et de la main droite, ramenée sur la poitrine, un petit animal, peu distinct.

Des inscriptions mentionnent divers *Genii* : le *G(enius) leg(ionis) III Aug(ustae)* [1], bien à sa place dans cette colonie de vétérans ; le *Genius sa[nc]tissimi Senatus*, dont la statue n'était qu'un exemplaire de celles que l'assemblée provinciale d'Afrique fit ériger à travers la Proconsulaire, en reconnaissance d'un jugement rendu par le Sénat romain [2] : le *Genius coloniae* [3] ; peut être aussi le *Genius* d'une rue ou d'un quartier. Ce dernier texte, fort laconique (il se compose des initiales de quatre mots) [4], accompagne l'image du Génie : un jeune homme, coiffé d'une couronne murale, vêtu d'une chlamyde, tenant une corne d'abondance, verse le contenu d'une patère sur un autel. D'autres bas-reliefs, dépourvus d'inscriptions, représentent probablement aussi des Génies [5].

Une table [6], recueillie dans la partie occidentale du forum, nous apprend que *Virtus* possédait un temple à Madaure et énumère un certain nombre de ses serviteurs et servantes : « [Noms] des porteurs de cistes de la déesse *Virtus*, qui ont fait exécuter à leurs frais deux .... [7], à droite et à gauche, et des degrés [8]. » Suit une liste de treize *cistiferi*, qui, tous, ont les *tria nomina* des citoyens romains. Quatre portent le titre de *sac(erdos)* [9] ; un cinquième est qualifié de *fanas*, ce qui est, semble-t-il, un barbarisme, pour *fanaticus*. Le premier de la liste, un des prêtres, a pris soin d'indiquer qu'il était flamine perpétuel de la colonie. A la suite des porteurs de cistes, on a inscrit les noms de quatre porteuses de corbeilles (*canistrariae*). Cette *Virtus*, appelée aussi *Bellona*, était, en réalité, une déesse d'Asie Mineure,

---

(1) *I. L. A.*, 2044 (couronnement d'une base).

(2) *Ibid.*, 2045.

(3) Deux dédicaces : *ibid.*, 2042, 2043.

(4) *Ibid.*, 2046 : *G. V. A. S.* = *G(enio) v(ici ?) A(ugusto) s(acrum)*. Dé. trouvé près des grands thermes.

(5) Pierre, haute de 0ᵐ97, découverte au Sud de la forteresse. Jeune homme, vêtu d'une tunique et d'un manteau, coiffé d'un *modius*. Il tient de la main gauche une corne d'abondance, de la main droite un objet indistinct. — Pierre, haute de 0ᵐ84, trouvée dans le même quartier. Buste d'un jeune homme, vêtu d'une chlamyde, coiffé d'un *modius*.

(6) *I. L. A.*, 2071 (peut-être de la première moitié du III° siècle).

(7) Ici manque le substantif auquel se rapporte *duas*. On peut restituer *aras, porticus*, etc.

(8) « [Nomina c]isthiferorum — *sic* — deae Virtutis, [qui ...] duas dextra sinixtra — *sic* — et gradus d(e) s(uo) f(ecerunt). »

(9) Sur une autre inscription (du IV° siècle ?) sont mentionnés deux personnages qui cumulaient la prêtrise de Mercure et celle de Virtus : *supra*, p. 42, n. 4.

Mâ, qui avait été introduite à Rome au temps de Sylla[1]. Son culte s'était répandu en Afrique : nous le trouvons à Thibilis[2], à Thubursicu[3], à Theveste[4], etc.

Quoique les témoignages précis fassent défaut, il est à croire que d'autres divinités d'origine orientale étaient adorées à Madaure : surtout Cybèle, la Mère des dieux. De Syrie était peut-être venue la *Dea aetern[a]* ..., dont le nom se déchiffre avec peine sur une dédicace martelée[5]. Une inscription, gravée sur une colonne[6], mentionne un *lecticariorum princeps*, qui n'était sûrement pas un homme du commun[7]. Il faut sans doute reconnaître en lui le chef des porteurs de la civière sur laquelle une déesse, Bellone ou la Mère des dieux, était promenée dans les processions[8].

Les cérémonies des cultes orientaux, — celui de Bellone, avec ses *fanatici*, celui de Cybèle et d'Attis avec ses Galles, — donnaient lieu à de violentes manifestations de piété, qui allaient jusqu'au délire hystérique. L'aristocratie de la ville ne dédaignait pas d'y prendre part : nous avons rencontré tout à l'heure un flamine perpétuel parmi les *cistiferi* de Virtus, et saint Augustin avait pu voir, lors de ces fêtes, décurions et premiers citoyens « bacchantes ac furentes » dans les carrefours de Madaure[9].

Le zèle que l'on mettait à servir les dieux ne faisait pas tort aux petites superstitions et aux pratiques de la magie. On avait soin de se préserver du mauvais œil par des gestes appropriés[10] et aussi, comme en beaucoup d'autres lieux[11], par des images de phallus, étalées sans vergogne[12]. Un petit

---

(1) Conf. Cumont, *Comptes rendus de l'Acad. des Inscriptions*, 1918, p. 315.

(2) *Announa*, p. 42.

(3) *I. L. A.*, 1241, dédicace où il faut, je crois, lire à la ligne 1 : *V(irtuti) A(ugustae) s(acrum)*.

(4) *Ibid.*, 2995, 2996, 3016.

(5) *Ibid.*, 2032.

(6) *Ibid.*, 2136. Trouvée dans la partie méridionale du forum.

(7) Il portait les *tria nomina* des citoyens romains et il put faire élever à ses frais (en commun avec un autre Madaurien) une ou plusieurs colonnes, « cum ornamentis ».

(8) Conf. Cumont, *l. c.*, p. 320, n. 5.

(9) *Lettres*, XVII, 4 : « decuriones et primates civitatis per plateas vestrae urbis bacchantes ac furentes ».

(10) Voir plus loin, chap. II, au début du § III, un texte de saint Augustin, relatif à un de ces gestes.

(11) Conf. *Announa*, p. 42-43.

(12) Quatre pierres, offrant en relief des phallus dressés, sont sorties des fouilles. Sur deux

disque de plomb [1], découvert dans le quartier central, appartient à la catégorie des amulettes dites gnostiques : le génie Iaô, à tête de coq, avec des serpents en guise de jambes, s'y montre, tenant de la main droite un fouet, de la main gauche un bouclier ovale ; huit astres l'entourent [2].

La religion, qui avait surtout pour objet d'assurer, grâce à la faveur divine, le bonheur dans cette vie et dans l'autre, restait sans doute distincte de la morale. Mais il ne semble pas qu'elle lui ait fait tort, malgré le fanatisme et l'indécence de certains cultes. Les vertus privées et familiales sont abondamment louées dans les épitaphes [3], ce qui prouve, tout au moins, qu'on tenait à paraître les pratiquer. En dehors des jours d'exaltation sacrée, Madaure devait être une bonne ville provinciale, paisible et honnête, où des parents prudents pouvaient envoyer sans crainte les jeunes gens faire leurs études.

d'entre elles, un œillet a été percé en arrière du membre, sans doute pour y passer une corde servant d'attache à des chevaux. Sur une autre pierre, le phallus, dans la même position, est surmonté d'une image de femme, de proportions bien plus petites, se présentant de face, les cuisses largement ouvertes ; on a jugé superflu de figurer ses bras et ses jambes. — Mentionnons encore un bas-relief qui gît dans la campagne, à environ un kilomètre au Nord-Est de la forteresse : il avait également une destination prophylactique. On y voit Priape, vêtu d'une longue tunique, relevée au-dessus de son membre viril, qui est dressé et de taille exagérée. Il tient des deux mains cette tunique, dans le creux de laquelle sont déposés des fruits. Il est flanqué d'un chien et d'une petite image de Vénus, portant la main droite à sa chevelure. Conf. Gsell, *Recherches archéol. en Algérie*, p. 411-2.

(1) Diamètre 0^{m}035. L'image a été tirée d'un moule. Le revers est lisse.

(2) Et non sept, nombre normal. Pour des pierres gravées, offrant le même sujet, voir, entre autres, Blanchet, *Comptes rendus de l'Acad. des Inscriptions*, 1920, p. 147 et suiv.

(3) *I. L. A.*, 2195 : « patiens laborum, frugi, vigilans, sobrius. » *Ibid.* : « morum et pudoris sanctitate praedita. » — N° 2196 : « modestiae et gravitatis exemplum. » — N° 2207 : « colum(en) moru(m) ac pie(tatis). » — N° 2239 : « pia, sobr(ia), frugi ... ; coniugi rarissimae, omni pietat(e), in[nocentia (?)], gravitate morum, fecundae tecusae » [pour ce mot, conf. *supra*, p. 34, n. 3].— N° 2240 : « moribus eximi(i)s pariles et amore iugali ; ... Iulia, femineis exemplar moribus omne. » — N° 2242 : « ... quam non inmerito magno dilexit amore, | genialis custos utpote quae fuerit, | quaeq(ue) penum parvosq(ue) lares provexerit illi, | dum frugi vitam degerit ingenio, | et quae fecundo partu numerosa replerit | casta domum trino pignore coniugii. » — N° 2246 : « prudens et patiens, frugi, flos, sobria. » — N° 2247 : « sobria, prospiciens, mater pia, filia concors. » — N° 2274 : « vir vereficius » (*sic*). — N° 2335 : « pius, sobr[i]us, iustus. » — N° 2347 : « agilis, sobria, pia. » — N° 2364 : « [p]udica, [sob]ria, re[ligi]osa. » — N° 2367/8 : « frugi, veritatis amator. » — N° 2412 : « homo frugi, sobrius, amicorum fidelissimus vita cultor. » — N° 2465 : « [a]mantissimae, ca[rissimae, r]arissimae coniugi, inmemorabili, — ce qui veut dire, apparemment, « inoubliable » —, [inimit(?)]abili, incom[par]abili. » — N° 2497 : « simplici matronae. » — N° 2511 : « visit — *sic* — an(n)is LXV, sed vixsit bene. » — N° 2613/4 : « rarissimi exempli circa remunerationem uxoris. » — N° 2616 : « [a prima] adules[centi]a eximius, [since]rus, pius. » — N° 2701 : « homo bonus. »

Comme Calama et Thibilis [1], elle resta longtemps attachée au paganisme. Vers l'année 390, le grammairien Maxime se réjouissait de voir la foule des dieux qui, réunis sur le forum, veillaient au salut de la cité [2]. Il proclamait, du reste, dans sa lettre à saint Augustin, que ces divers dieux étaient les membres et les noms variés d'un être suprême : ce qu'avaient dit avant lui bien des païens cultivés, entre autres son compatriote Apulée : « Qui sera assez fou, s'écriait-il, pour nier qu'il y ait un seul Dieu ? Dieu est un nom commun à toutes les religions. » Et il terminait ainsi : « Que les dieux te gardent, les dieux à travers lesquels nous tous, mortels vivant sur cette terre, vénérons et adorons de mille manières, et dans une discorde harmonieuse, le père commun de ces dieux mêmes et de tous les mortels. » Ironique pour le christianisme, quoique courtoise pour celui auquel elle s'adressait, cette épître semble avoir fort déplu à saint Augustin. Dans une réponse [3] exempte d'aménité, il réfute dédaigneusement quelques assertions du vieux grammairien et déclare qu'il n'a pas le temps de relever ses plaisanteries ; il discutera, « avec l'aide du Dieu vrai et unique », quand Maxime voudra prendre un ton sérieux. On sent qu'il ne craint guère l'avocat d'une cause perdue ; Maxime lui-même était-il très rassuré sur la durée de cette « discorde harmonieuse », qui eût permis aux chrétiens et aux païens de continuer à vivre côte à côte ?

Bientôt, l'autorité impériale proscrivait rigoureusement le paganisme. Dans une autre lettre, plus récente, adressée à des Madauriens, l'évêque d'Hippone écrivait [4] : « Vous voyez les temples des idoles, soit tombés sans qu'on les répare, soit détruits, soit fermés, soit affectés à d'autres usages [5] ; les idoles elles-mêmes brisées, ou brûlées, ou enfermées dans des oubliettes, ou anéanties. » Et cependant la plupart des notables de la colonie n'avaient cure de se convertir à la foi chrétienne : « Il est plus facile de fermer vos temples que vos cœurs aux idoles [6]. »

---

(1) Voir *Announa*, p. 43.

(2) *Apud* saint Augustin, *Lettres*, XVI, 1.

(3) *Lettres*, XVII.

(4) *Lettres*, CCXXXII. 3 : « Videtis certe simulacrorum templa partim sine reparatione collapsa, partim diruta, partim clausa, partim in usus alios commutata ; ipsaque simulacra vel confringi, vel incendi, vel includi, vel destrui. »

(5) Il se peut que, dès 379-383, le temple de la Fortune ait été sécularisé : v. *supra*, p. 17, n. 1.

(6) Saint Augustin, *ibid.*, 1.

Le christianisme triompha enfin de ces résistances. Sa victoire se révèle à nous sur des pierres où des noms de divinités ont été martelés[1], où celui de Julien l'Apostat a subi le même sort[2].

VII

Bien des années auparavant, des chrétiens, humbles gens dont plusieurs (sinon tous) étaient de race indigène[3], avaient péri pour leur foi à Madaure. Le grammairien Maxime en mentionne quatre[4] : Namphamo, « l'archimartyr », — ce qui signifie sans doute qu'il avait été en ce lieu la première victime des persécuteurs[5] —, Miggin, Sanae et Lucitas. Leur souvenir ne se perdit pas[6]. Maxime s'indignait des honneurs qui leur étaient rendus et qu'il regardait ou affectait de regarder comme un véritable culte.

Malgré la découverte d'un grand nombre d'inscriptions chrétiennes, dont aucune ne paraît antérieure au IVe siècle, nous savons fort peu de choses sur l'Église de Madaure[7]. Elle dut avoir longtemps une existence assez

---

(1) *I. L. A.*, 2054, dédicace à Mars (v. *supra*, p. 36). *Ibid.*, 2032, dédicace à une *Dea aeterna* (*supra*, p. 48) ; il faut ajouter que cette pierre a été employée parmi les matériaux d'une église.

(2) *Ibid.*, 2100. De même à Guelma : *ibid.*, 253.

(3) Conf. *supra*, p. 23.

(4) *Apud* saint Augustin, *Lettres*, XVI, 2.

(5) On n'a pas de bonnes raisons pour admettre qu'il ait été le premier martyr chrétien de toute l'Afrique, ou bien de la Numidie : conf. K. J. Neumann, *Der roemische Staat und die allgemeine Kirche*, p. 286. La date du martyre de ces Madauriens est inconnue.

(6) Dans le martyrologe dit hiéronymien (édit. de Rossi et Duchesne, *Acta Sanctorum*, novembre, II, 1, 1894), le nom de Namphamo, plus ou moins altéré, figure parmi des saints africains, le 5 décembre et le 17 (selon un manuscrit) ou le 18 (selon un autre manuscrit) du même mois. Le nom de Miggin (« Miggini ») y figure le 4 et le 10 décembre et se retrouve sur plusieurs inscriptions d'Afrique, concernant des martyrs (Monceaux, *Histoire littéraire de l'Afrique chrétienne*, III, p. 533). S'agit-il, du moins dans une partie de ces mentions, des chrétiens de Madaure ? C'est possible, mais on saurait l'affirmer, car ces deux noms, Namphamo et Miggin, n'étaient pas rares (conf. Monceaux, *l. c.*, I, p. 43, n. 1 et 2).

(7) Dans un concile qui se tint à Carthage en 348, un évêque, Antigonus, qu'un manuscrit qualifie de *Madaurensis*, se plaignit des menées d'un Optantius, évêque lui aussi, qui, on ne sait pourquoi, avait des prétentions sur le même diocèse. Ils avaient signé un accord par lequel ils s'étaient partagé les fidèles. Mais Optantius n'en débauchait pas moins ceux qui avaient été attribués au pauvre Antigonus et qui, semble-t-il, ne prenaient pas cette usurpation au tragique : ils appelaient Optantius « le père » (*pater*, nom donné aux évêques par leurs ouailles), et Antigonus « le beau-père » (*vitricus*). Voir Mansi, *Conciliorum collectio*, III, p. 148-9 et 157-8. Mais la leçon *Madaurensis* n'est pas confirmée par les autres manuscrits : voir Mesnage, *L'Afrique chrétienne*, p. 338. Il est donc douteux que cette affaire se soit passée à Madaure.

précaire, dans ce milieu de païens fervents, dont elle avait peine à se dégager complètement : témoin des épitaphes sur lesquelles les mots *in pace* ou le chrisme s'associent aux formules *D(is) M(anibus) s(acrum)* [1] et *H(ic) s(itus) e(st)* [2], à l'épithète *pius* [3] ; la mention ordinaire de l'âge des défunts ; des tables funéraires, où, comme sur les *mensae* païennes, l'inscription est dans une couronne, que flanquent des images de vases [4] ; le goût des petits poèmes en l'honneur des morts [5].

Sous le Bas-Empire, catholiques et donatistes formèrent deux Églises ennemies. En 411, il y avait à Madaure deux évêques ; le donatiste s'appelait Donatus ; son rival, Placentinus [6]. L'épitaphe de ce dernier a été retrouvée [7]. Elle contient une profession explicite de catholicisme [8], comme, du reste, plusieurs autres épitaphes, de clercs ou de laïques [9].

Un évêque catholique, Pudentius, est mentionné sous le règne d'Hunéric, en 484 [10]. A la fin du ve siècle ou au début du vi[e], des clercs de Carthage [11], et peut-être d'ailleurs, furent relégués à Madaure, « pro fide cat(h)olica » [12]. Cette mesure de rigueur fut évidemment prise contre eux

---

(1) *I. L. A.*, 2770, 2786, 2787, 2788, 2796, 2802, 2803, 2807.

(2) *Ibid.*, 2770, 2786, 2787, 2788 [bis], 2791, 2792, 2796, 2800, 2802, 2803, 2805, 2806, 2807.

(3) *Ibid.*, 2781, 2782, 2786, 2787, 2802. « *Pius et laetus* », au n° 2796.

(4) *Ibid.*, 2770, 2774, 2774 [bis], 2781, 2787, 2791, 2796, 2803, 2807. Vases (sans couronne) au n° 2766.

(5) *Ibid.*, 2768 et suiv.

(6) Actes de la conférence de Carthage, I, 126 (*apud* Migne, *Patrol. lat.*, XI, p. 1287) : « Placentinus, episcopus plebis Madaurensis.... Donatus, episcopus loci suprascripti ». L'évêque catholique de Madaure était probablement le Placentinus, évêque de la province ecclésiastique de Numidie, qui est mentionné dans un document de cette époque : Mansi, *Conc.*, III, p. 803.

(7) *I. L. A.*, 2757.

(8) « [Ur]bem — ou [ple]bem — in catolica florenter [re]xit. »

(9) *I. L. A.*, 2762 : « presviter (*sic*) religionis katolice (*sic*) ». *Ibid.*, 2766 (épitaphe d'un vétéran de la légion *III Augusta*) : « catolice (*sic*) legi fidelissima mente inserviens ». Voir aussi saint Augustin, *Lettres*, XVII, 5 (à Maxime de Madaure) : «... a christianis catholicis, quorum in vestro oppido etiam ecclesia constituta est ».

(10) Notice épiscopale, *Numidie*, n° 60. Un autre évêque, Respectus, est mentionné sur une inscription de l'année 531 : *I. L. A.*, 2758 [bis] ; mais il n'est pas certain qu'il ait eu son siège à Madaure : v. *infra*, chap. IV, § I. L'inscription 2758 paraît bien se rapporter aussi à un évêque (« sacerdos »), mais elle est trop mutilée pour pouvoir être restituée et l'on ne saurait dire de quand elle date.

(11) Cela est dit expressément pour le clerc, *serbus dom(i)n(icu)s*, mentionné au n° 2761.

(12) *I. L. A.*, 2759 : « Donatianus pr(e)sb(yter) in exilio pro fide catolica hic aput col(oniam) Mad(auros) relegatus ». — *Ibid.*, 2760 : « Presviter Liberatus pro fide catolica in exsilio reces(s)it in pace ».

par les Vandales, qui professaient l'arianisme. Plusieurs de ces clercs restèrent au lieu de leur exil, même après la fin des persécutions, et y moururent
vieux [1]. Au chapitre IV, nous étudierons deux basiliques chrétiennes, dont
l'une était située dans un cimetière, l'autre à l'intérieur de la ville. La
seconde contenait une pierre tombale datée de la première année du règne
de Gélimer, de 531 après J.-C. [2].

Madaure traversa donc l'époque vandale, mais il est probable qu'elle
était bien déchue lorsque cette triste période de l'histoire africaine prit fin
par la conquête grecque. On peut même se demander si elle n'était pas en
partie ruinée. D'un temple qu'ils encastrèrent dans la muraille Nord de leur
forteresse, les Byzantins ne trouvèrent plus guère que le soubassement :
autrement, il faudrait supposer qu'ils auraient pris la peine de démolir pierre
par pierre la presque totalité de cet édifice, pour reconstruire aussitôt au même
endroit des murs semblables, mais d'une exécution bien inférieure [3]. Peut-être
la ville, abandonnée à elle-même, avait-elle été assaillie et dévastée par des
bandes d'indigènes [4].

La forteresse byzantine, qui sera décrite au chapitre IV, date vraisemblablement de 534-536 de notre ère. Elle faisait partie d'une ligne de défense
qui fut créée, par les soins de Solomon, général de Justinien, pour couvrir
la partie de la Numidie voisine de la mer, et qui passait par Thagura,
Madauros, Tipasa, Gadiaufala, Tigisis, Sila ; plus tard, cette ligne fut conservée pour servir de soutien à un front nouveau, établi à la lisière septentrionale de l'Aurès [5]. Madaure était, nous l'avons dit [6], à quelque distance

----

(1) L'un à 96 ans, la septième année de l'ère (byzantine) de Carthage (= 540 après J.-C.) :
I. L. A., 2759. Un autre à 75 ans, sans doute vers la même époque, à en juger par la forme de
la croix qui surmonte son épitaphe : *ibid.*, 2760. Un troisième, peut-être à 93 ans, la sixième
année de l'ère de Carthage : *ibid.*, 2761.

(2) *I. L. A.*, 2758 bis.

(3) Le haut du mur circulaire du théâtre était détruit quand les Byzantins firent passer sur ce
mur l'enceinte de leur forteresse. Mais, pour cet édifice romain, on peut supposer qu'il leur avait
servi de carrière lors de leurs premiers travaux, avant que, modifiant leur plan primitif, ils ne
se fussent décidés à utiliser le théâtre comme assiette du front occidental. V. *infra*, chap. IV, § III.

(4) Voir au chap. IV, § I, une hypothèse sur la destruction d'une église urbaine vers le début
du VIe siècle. Pour le temple dont nous venons de parler, on peut se demander si ce ne furent
pas les chrétiens de Madaure qui le démolirent ou le laissèrent tomber en ruines, par haine du
paganisme (conf. p. 50, n. 4).

(5) Diehl, *L'Afrique byzantine*, p. 73-74, 285-8. Gsell, *Mon. antiques*, II, p. 346.

(6) P. 16.

de la route qui reliait Thagura à Tipasa. Mais il y avait en ce lieu des matériaux à souhait dans les édifices bâtis pendant plusieurs siècles de prospérité, des ressources en eau, des Romains, peut-être encore assez nombreux pour mériter d'être protégés. La forteresse fut donc élevée, non sur la route, mais au cœur même de la colonie flavienne.

La population civile qui vécut au pied de ses murs n'a pas d'histoire. Il n'est pas même certain que, dans son obscurité, elle ait toujours joui de la paix. On sait, par une table funéraire, trouvée dans la citadelle [1], que deux frères, dont l'un était diacre, périrent ensemble, tués par des Maures : ce qui put, d'ailleurs, se passer au temps des Vandales, ce document n'étant pas daté avec précision [2]. Nous ne connaissons pas d'évêques de Madaure de l'époque byzantine. Nulle part, dans l'épigraphie locale, nous ne trouvons mention d'indictions, mode de supputation qui, en Afrique, ne se rencontre que sous la domination grecque [3]. La forme des chrismes permet pourtant d'attribuer quelques inscriptions tumulaires au vi⁰ siècle [4].

C'est ensuite le silence sur ce sol habité depuis un millier d'années. Madauros n'est plus mentionnée, que je sache, après la conquête arabe. Elle végéta peut-être encore quelques siècles [5], puis disparut. En divers lieux de l'Afrique du Nord, la vie se maintint pendant fort longtemps, à l'abri des forteresses de Justinien ; ici, le nom seul est resté, comme une épitaphe sur une tombe.

---

(1) *I. L. A.*, 2764.

(2) Le fait que cette pierre gisait à l'intérieur de la forteresse ne prouve rien, car ce n'était pas là, évidemment, qu'était la tombe sur laquelle elle avait été placée ; ajoutons qu'on l'avait remployée pour en faire un petit pressoir. — Il ne convient pas d'exagérer l'importance de ce double meurtre. Des incidents aussi fâcheux se passaient à la meilleure époque de l'Empire, au temps de la « paix romaine » : voir, entre autres, une épitaphe de Madaure (*I. L. A.*, 2704, concernant deux jeunes gens, qui « a latronibus sun[t] decepti ».

(3) Nous avons mentionné (p. 53, n. 1) l'emploi de l'ère de Carthage sur les épitaphes de deux clercs exilés, qui moururent au début de la domination byzantine.

(4) Croix monogrammatique, flanquée de l'α et de l'ω : *I. L. A.*, 2767, 2771, 2772, 2779, 2790, 2791, 2792, 2799, 2800, 2805. Même croix sur une épitaphe gravée en 540 (n° 2759) ; celle qui surmonte l'entrée de la forteresse (n° 2814 bis, 1) doit dater de 534-536. Il est cependant possible que ce chrisme ait été adopté à Madaure avant l'époque byzantine, dès la seconde moitié du V⁰ siècle. — Croix grecque : n° 2797. Une croix latine figure sur une épitaphe gravée vers 540 : n° 2760.

(5) Les ruines romaines sont très souvent recouvertes par des murs fort grossiers, débris d'habitations (*supra*, p. 6 et 19). Les uns peuvent dater de l'époque byzantine, d'autres, être plus récents : on ne saurait préciser.

CHAPITRE II

Le Forum et le Théâtre

I

Le forum, qui est mentionné dans les lettres échangées entre Maxime et saint Augustin[1], et sur deux inscriptions[2], a été retrouvé en 1917 : trois années de fouilles l'ont complètement dégagé.

Il est à 90 mètres de la grande voie qui, après avoir presque longé les thermes, remonte vers le Sud-Est, et à 70 mètres de l'autre voie principale, qui coupe transversalement la ville. Une rue, s'ouvrant par un arc, s'embranchait sur chacun de ces boulevards et rejoignait le forum.

De l'arc dressé sur la voie montante, il ne reste que le bas du pied-droit de gauche[3], le soubassement de celui de droite et, aux abords, quelques pierres à moulures, ayant appartenu à la corniche qui courait au-dessus de la baie et au socle du pied-droit détruit. La largeur totale était de 7ᵐ50 ; l'ouverture, de 3 mètres. Ce monument, d'une exécution qui laisse à désirer, était fort simple : du côté du boulevard, un pilastre faisait saillie au milieu de chaque pied-droit ; il n'y en avait pas sur la face opposée.

La rue dont cet arc formait la tête a pu être le *decumanus* de la colonie flavienne. Elle n'était pas dallée. Sur une longueur d'environ 25 mètres, deux rangées parallèles de murs l'encadrent nettement[4] : elle mesure 4ᵐ50 de largeur. Puis elle se perd dans un quartier encombré de ruines de très basse époque. Si elle était rectiligne, elle devait aboutir à l'angle Nord-Est

---

(1) *Lettres*, XVI, 1 ; XVII, 1.

(2) *I. L. A.*, 2117, 2120. Il est à peu près certain qu'il était également mentionné dans l'inscription mutilée n° 2107.

(3) Long de 2ᵐ25, large de 1ᵐ50.

(4) A gauche, derrière l'arc, on voit les restes d'un portique qui précède une église et qui n'est sans doute pas antérieur à cet édifice (Vᵉ siècle ?) : v. *infra*, chap. IV, § I.

de la place, après avoir longé un temple. Mais là se trouve une salle contiguë au temple et barrant le passage. Il se peut que la construction de cette salle ait déterminé une modification du tracé de la rue. Faisant un coude à droite, elle se dirigea vers le milieu du côté septentrional du forum, où l'on put pénétrer par une entrée voisine d'un édifice que nous croyons être la curie. Elle était rejointe, devant cette entrée, par une autre rue, de largeur variable [1], dallée sur une partie de son parcours [2], qui, venant du Nord—Ouest, remontait la pente et longeait le côté Nord de la place.

L'arc qui se dressait en tête de la rue reliant au forum la grande voie transversale est entièrement détruit. On reconnaît vaguement sur le dallage le lit de pose des pieds-droits, qui semblent avoir été distants de 2^{m}90. A cet arc appartenaient des débris architecturaux exhumés dans le voisinage immédiat : une base corinthienne [3] ; un fût non cannelé [4] et des fragments d'autres fûts ; trois chapiteaux corinthiens [5], à feuilles non découpées, d'un travail médiocre (la hauteur des colonnes complètes était de 5^{m}10) ; une corniche à trois côtés [6], qui était placée dans l'entablement surmontant une des colonnes ; deux morceaux d'une corniche droite, offrant les mêmes moulures. Le monument présentait apparemment la même ordonnance que l'arc de Zana, construit sous Marc-Aurèle et Lucius Vérus [7] : sur les deux faces longues de chaque pied-droit, un avant-corps, avec une colonne montée sur un haut piédestal et précédant un pilastre. On pourrait le dater approximativement de la fin du second siècle après J.-C. Peut-être fut-il élevé, au temps où Madaure s'agrandit, pour décorer à la fois le boulevard qui séparait la colonie flavienne d'un quartier nouveau [8] et l'entrée de la rue qui menait au forum et qui avait pu être le *cardo maximus* de l'ancienne ville.

Revêtue d'un bon dallage [9], cette rue n'est pas exactement rectiligne

---

(1) De 2 à 5 mètres ; le maximum de la largeur se trouve près de l'entrée du forum.

(2) Dalles disposées transversalement par rapport à l'axe de la rue.

(3) Hauteur 0^{m}32, diamètre 0^{m}65.

(4) Haut. 4^{m}20 ; diam. en bas 0^{m}59, en haut 0^{m}50.

(5) Haut. 0^{m}58-59 ; diam. 0^{m}48.

(6) Haut. 0^{m}28.

(7) Gsell, *Mon. antiques*, 1, p. 164-5 ; pl. XXXIII. Mais, à en juger par les traces laissées sur le dallage, les avant-corps, à Mdaourouch, paraissent avoir fait saillie au milieu de chaque pied-droit.

(8) Conf. *supra*, p. 19.

(9) Les dalles sont posées transversalement.

et elle va se rétrécissant depuis l'arc, où elle mesure 6ᵐ20 de largeur, jusqu'à la place, en avant de laquelle elle n'a plus que 4ᵐ50. Une inscription du début du Bas-Empire commémore la construction d'un portique nouveau, « ab arcu ad foru[m] » [1]. Il n'est pas trop téméraire de supposer qu'il s'étendait le long de notre rue, au Sud. De ce côté, une colonnade précédait sans doute un édifice circulaire (un marché [2]?) et elle paraît bien s'être prolongée à l'Est jusqu'à l'arc [3]; à l'Ouest, dans la direction du forum, on n'en retrouve plus de traces, mais elle a pu être démolie et remplacée par les bâtiments barbares qui bordent à cet endroit la chaussée. Il ne semble pas qu'un portique ait jamais existé sur le côté septentrional de la rue, tout le long duquel subsistent des restes de murs assez bons, appartenant probablement à l'époque romaine.

On avait encore accès au forum, vers le milieu de la face méridionale, par une rue dallée, large de 6ᵐ15, qui venait du Sud-Ouest (les fouilles ne l'ont dégagée que sur une trentaine de mètres). Elle a été recouverte en partie par la forteresse byzantine.

Ces diverses rues ne débouchaient pas directement sur la place. Elles aboutissaient à des baies, ménagées dans les murs des portiques qui entouraient l'aire, baies munies de grilles mobiles. Quand celles-ci étaient ouvertes, elles ne donnaient passage qu'aux piétons : les forums des villes romaines n'étaient pas, on le sait, des lieux de circulation pour les voitures et les cavaliers [4].

Le forum de Madaure a été établi sur un sol dont la pente, très légère au Sud-Est, s'accroît vers le Nord-Ouest, ce qui a nécessité de ce côté des apports de terres et des murs de soutènement. Rectangulaire, presque carré (comme les places grecques [5]), il a deux côtés dirigés du Nord-Ouest au

---

(1) *I. L. A.*, 2117.

(2) Conf. p. 20, n. 4.

(3) On voit là, en bordure de la rue, trois bases de colonnes, encore à leur place. Elles sont, il est vrai, de types différents et ont dû être empruntées à des édifices plus anciens. Mais, dès le IVᵉ siècle, on a pu se servir des matériaux qui tombaient sous la main : ce qui est le cas, par exemple, pour nombre de basiliques chrétiennes ; voir aussi la basilique civile décrite vers la fin du § II.

(4) Conf. *Khamissa*, p. 48.

(5) Conf. *ibid.*, p. 47.

Sud-Est, les deux autres, du Nord-Est au Sud-Ouest ; pour abréger, nous les appellerons côtés Nord, Sud, Ouest et Est. Voir le plan à la pl. xvii ; une coupe, pl. xxiii, en haut ; des vues, pl. i.

Il est mal conservé. Sur une grande partie de l'espace qu'il occupait, les Byzantins ont construit le front de leur citadelle et ils ont puisé largement dans la riche carrière que constituaient pour eux les édifices élevés tout autour par les Romains. De ces édifices, il ne reste que le bas des murs. On n'a pas trouvé de textes épigraphiques qui permettent de les nommer et de les dater avec certitude. Les fouilles du forum et de la forteresse ont bien exhumé un certain nombre d'inscriptions, mentionnant des sanctuaires et d'autres monuments ; mais, comme nous l'avons déjà fait remarquer[1], ces pierres, la plupart en morceaux, ont pu être transportées assez loin de leur emplacement primitif, pour servir à divers usages.

L'aire à ciel ouvert n'est pas très étendue : au Nord et au Sud, 32^m40 de longueur ; à l'Est, 28^m50 ; le côté Ouest, un peu plus court, a 27 mètres. A Thamugadi, les dimensions sont bien plus grandes : 50 mètres sur 43 ; à Thubursicu, au contraire, la *platea vetus* ne mesure que $29^m30 - 29^m80$ sur 21^m70[2].

Le dallage, en pierre calcaire, est encore en assez bon état. Dans la partie orientale de la place, vis-à-vis de la curie, une inscription[3], longue de 16 mètres, s'étendait du Nord au Sud, sur 21 dalles. Les lettres, hautes de 0^m16-0^m18, sans doute en bronze, étaient incrustées dans la pierre ; elles ont disparu, mais il reste les encastrements, peu profonds, taillés pour les recevoir, et, à l'intérieur de ces encastrements, en général au milieu, des mortaises dans lesquelles ont été coulés des scellements en plomb. On lit : « M. A[u]r[e]lius] .....us[4], [fl(amen) p(er)p(etuus) ?], forum cum p[or]ticu novo opere ex (sestertium) cc m[il(ibus) n(ummum)] sua [p]ecunia stravit idemq(ue) [de]d(icavit) ». Un M. Aurelius ....., qui dut vivre au III[e] siècle[5], dépensa donc

---

(1) P. 18-19.

(2) *Khamissa*, p. 47. Pour les dimensions de divers forums africains, voir Poinssot, dans *Nouv. Archives des Missions*, XXII, fasc. 2 (1921), p. 184, n. 4.

(3) *I. L. A.*, 2120.

(4) Entre le gentilice et *us*, fin d'un *cognomen*, il manque environ 18 lettres.

(5) Dans le commentaire de cette inscription (*I. L. A.*), je dis que d'après la forme des lettres, elle ne paraît pas être postérieure à l'époque des Sévères. Peut-être est-elle plus récente ; je la crois cependant du Haut-Empire. A Thubursicu, le dallage de la vieille place fut refait sous Constantin : *Khamissa*, p. 46.

une somme élevée, 200.000 sesterces [1], pour faire refaire le dallage du forum et des portiques qui l'entouraient [2].

Le dallage auquel cette dédicace appartient n'est pas d'une régularité parfaite : il sent la décadence. Il en a recouvert, au moins partiellement, un autre, qui se retrouve çà et là, auprès de l'entrée de la forteresse byzantine et en avant du portique oriental. Ce premier dallage était disposé sur un plan horizontal : ce qui faisait obstacle à l'écoulement rapide des eaux de pluie, d'autant plus qu'on avait négligé de faire courir des caniveaux le long des côtés de l'aire. Le dallage récent s'incline légèrement de l'Est à l'Ouest. Il affleure presque le rebord du portique oriental et recouvre la marche qui précède ce portique. Au Nord il recouvre d'abord la marche ; puis, il est de niveau avec elle ; enfin, s'abaissant toujours dans la direction de l'Ouest, il la laisse entièrement dégagée [3]. Il en est de même au Sud [4]. A l'angle Nord-Ouest, se trouve une petite cuvette, d'où part un égout [5].

Un monument assez curieux a été découvert sur la place, en avant du portique méridional. C'est une plate-forme rectangulaire en pierres de taille [6], reposant sur le dallage ancien et, par conséquent, antérieure au travail de réfection d'Aurelius. Elle mesure 3ᵐ52 de largeur (du Nord au Sud) et elle devait avoir une longueur d'environ 4 mètres, qui a été diminuée par les Byzantins, quand ils établirent les fondations de la porte de leur forteresse. Au Nord, se voient les encastrements d'une clôture, qui a elle-même disparu : deux dalles dressées s'emboîtaient dans deux petits piliers, entre lesquels était ménagé un étroit passage. On peut supposer que les autres côtés de la plate-forme étaient fermés par des murettes [7]. A l'intérieur de l'espace ainsi limité, vers le milieu, mais non exactement dans l'axe de l'entrée, il reste

---

(1) Plus de la moitié du prix que coûta la construction du théâtre.

(2) C'est ainsi qu'il faut certainement interpréter l'expression *cum porticu* (au singulier).

(3) De même, le long de la partie Nord du portique occidental, contemporaine des portiques entourant les trois autres côtés de la place.

(4) Sauf qu'il ne recouvre nulle part la marche.

(5) Qui se dirige vers le Nord-Ouest, en se coudant plusieurs fois. Sur la pl. XVII, il est indiqué en pointillé jusqu'à la basilique. La construction de cet édifice rendit nécessaire une modification du tracé de l'égout : v. *infra*, vers la fin du § II.

(6) Haute de 0ᵐ35.

(7) Il n'y a pas, sur les côtés Sud et Est, d'encastrements semblables à ceux qui existent sur le côté Nord. A l'Ouest, les dalles qui pouvaient porter une clôture ont été enlevées par les Byzantins.

des traces du soubassement d'un socle [1] ; sur le devant, est creusée une feuillure, dans laquelle pouvait être insérée une plaque de marbre, portant la dédicace de la statue. En avant de ce socle, mais sur la droite pour ceux qui pénétraient dans l'enclos, une cuvette plate, de 0^m02 de profondeur et de 0^m50 de diamètre, constituait sans doute l'encastrement d'un autel cylindrique. Il y avait donc là un petit sanctuaire à ciel ouvert, consacré à une divinité dont nous ignorons le nom.

Une autre plate-forme, plus vaste (16 mètres de long sur 3^m27 de large), s'étendait en avant du portique oriental. Faite à une époque tardive, avec des pierres de remploi mal agencées [2], elle avait été posée sur le dallage récent de la place et dépassait légèrement le niveau du sol du portique. Je ne saurais dire à quoi elle avait pu servir. Comme elle nuisait à l'aspect du forum, on l'a enlevée. [3]

L'aire est entourée de portiques dallés, que précède une marche [4]. La largeur des galeries est de 5^m60 à l'Est et au Sud [5], de 5 mètres au Nord et à l'extrémité septentrionale du côté Ouest : nous verrons qu'ailleurs, ce côté présente des dispositions particulières. Il y avait douze colonnes à l'Est, treize au Sud et au Nord [6] (y compris les colonnes d'angle communes à deux portiques), quatre [7] le long du retour que la galerie septentrionale forme sur le côté Ouest du forum. Toutes les bases, sauf une, ont été retrouvées à leur place en avant du portique oriental, quelques-unes seulement en avant des autres portiques [8] ; les intervalles qui les séparent ne sont pas très réguliers [9]. D'ordre attique, avec un socle bas [10], elles mesurent 0^m25-0^m28 de hauteur ; les

---

(1) Mesurant 1 mètre de long sur 0^m95 de large.

(2) Elle contenait des débris de cancels sculptés et une inscription qui, à en juger par la forme des lettres, n'est pas antérieure à la fin du IIIe siècle (*I. L. A.*, 2179).

(3) Elle se voit sur notre pl. I, fig. 2.

(4) Sauf sur la majeure partie du côté occidental, bordé d'un portique plus ancien que les autres. Pour cette marche, cachée en partie par le dallage d'Aurelius, conf. *supra*, p. 59.

(5) Du moins dans la partie orientale du portique Sud. La partie occidentale était probablement plus étroite (v. *infra*, p. 63).

(6) Le plan de la pl. XVII n'en indique que 12 sur le côté Nord.

(7) En y comprenant aussi la colonne d'angle.

(8) Sept au Sud, cinq au Nord, une au Nord-Ouest.

(9) Au Nord et au Sud, 2^m75-2^m80 d'axe en axe ; à l'Est, 2^m60 en moyenne ; au Nord-Ouest, 2^m50.

(10) Ayant 0^m65 de côté.

fûts, dont plusieurs sont restés complets, 3ᵐ35 à 3ᵐ40 ; les chapiteaux, d'ordre corinthien et de facture correcte, 0ᵐ50 : l'un d'eux est reproduit fig. 6. La hauteur totale était de 4ᵐ15.

Ces colonnes, en pierre calcaire, devaient porter un entablement en bois[1]. Ici, pas plus qu'à Khamissa[2], on ne constate d'indices de galeries supérieures. Le mur du fond, servant d'appui à la toiture, est bâti, assez médiocrement, en moellons, avec des chaînes en pierres de taille, procédé usuel à Madaure, comme dans toute l'Afrique romaine[3].

FIG. 6. — Chapiteau du forum.

II

Il n'y avait pas d'édifices en arrière du portique oriental. Le mur ne s'interrompt qu'en face de la rue qui relie la grande voie transversale au forum. La baie, large de 1ᵐ90, pouvait être fermée par une grille, comme l'attestent des mortaises creusées dans le seuil. Pour racheter la différence de niveau entre la place et la rue, elle est précédée, du côté du portique, d'un petit escalier de trois marches : on y a employé, sans doute lors d'une réparation, une dédicace à Hercule, du temps de Valérien[4].

Derrière le portique méridional, au Sud-Est, une autre baie de même largeur mène à un couloir parallèle à ce portique et pourvu d'une seconde entrée à l'Est, sur une rue[5]. De là, par une porte latérale (au Sud[6]), on

---

(1) On n'a retrouvé aucun débris qui ait pu appartenir à un entablement en pierre.

(2) *Khamissa*, p. 49.

(3) Conf., par exemple, *Khamissa*, p. 50 ; *Announa*, p. 64.

(4) *I. L. A.*, 2047 (vers 255 après J.-C.) ; conf. *supra*, p. 44, n. 5.

(5) Cette entrée pouvait être fermée par une grille ou par une porte en bois. Le seuil est plus élevé que la rue et le couloir, ce qui a nécessité l'établissement de marches.

(6) Dans le seuil, mortaises attestant une fermeture.

passait dans une salle rectangulaire, longue de 14^{m}60, large de 8^{m}20 [1] : probablement une modeste basilique à une seule nef ; peut-être la *basilica vetus* qui, d'après le témoignage d'une inscription [2], fut restaurée aux frais d'un certain nombre de *curiales* (ou décurions). Au milieu [3] d'un des petits côtés, à l'Ouest, il reste de maigres vestiges d'un massif en maçonnerie, faisant saillie à l'extérieur : c'était sans doute le soubassement d'une niche, qui abritait une statue, décorant le fond de la salle. Il n'existait pas d'entrée en face, dans le mur Est, longé par la rue que nous venons de mentionner [4]. A une très basse époque, cette salle fut divisée en trois compartiments [5], dont deux, ceux de droite et de gauche, ont été grossièrement dallés [6].

Plus à l'Ouest, à l'angle d'une rue qui rejoignait le forum [7], un sanctuaire, de 3^{m}40 de largeur et de 4^{m}40 de profondeur [8], s'ouvrait sur le portique méridional par une grande baie, que barrait une grille [9]. Les murs [10] ont presque entièrement disparu ; on peut cependant reconnaître que leur face interne était plaquée, au moins en bas, de marbre noir. Des dalles en marbre veiné recouvrent le sol. Au fond, un massif en mauvais blocage, dont la hauteur dépassait un mètre, est le noyau du socle qui portait la statue de la divinité.

Le portique méridional est ensuite coupé par le front de la forteresse

---

(1) Murs en moellons, avec des pierres de taille aux angles.

(2) *I. L. A.*, 2135 : « Nomina curia[lium]... qui bassilicam — *sic* — vet[erem]... ». Cette inscription ne paraît pas postérieure au commencement du IV° siècle. Elle a été trouvée au Sud-Est de la forteresse, assez loin de la ruine que nous étudions. Un fragment qui peut avoir fait partie de la même inscription (*ibid.*, 2171) a été recueilli à l'intérieur de la forteresse. — Dans la salle même, on a exhumé un morceau d'entablement, avec le début d'une inscription en l'honneur d'un empereur du III° siècle (*ibid.*, 2097). Mais il est fort possible qu'il ait été apporté d'ailleurs, nous ne savons quand.

(3) Ou plutôt vers le milieu, car le massif dont nous allons parler n'est pas très exactement dans l'axe de l'édifice.

(4) Ce mur a été presque entièrement refait d'une manière barbare, au temps des Byzantins ou plus tard encore.

(5) Voir le plan, pl. XVII (traits croisés). Fort mauvais murs en pierres de taille. L'un d'eux contenait un autel, portant une dédicace *Felicitati Augustorum* (Marc-Aurèle et Lucius Vérus ?) : *I. L. A.*, 2038.

(6) Au Sud-Ouest de la salle, on a déblayé de méchantes constructions, sans doute plus récentes, ainsi qu'une citerne.

(7) V. *supra*, p. 57.

(8) Dimensions intérieures.

(9) Mortaises aux deux extrémités du seuil, long de 2^m 66.

(10) En moellons, avec de grandes pierres de taille aux angles.

byzantine et c'est à l'intérieur de cette forteresse, derrière l'entrée, que nous le retrouvons. D'après l'agencement du dallage, on peut supposer qu'au delà de la rue, il devenait plus étroit et ne mesurait que 3^{m}65 de largeur (au lieu de 5^{m}60) : la paroi qui le fermait aurait été élevée dans le prolongement d'un mur plus ancien, qui bordait au Sud le portique occidental du forum et dont nous reparlerons.

Par derrière, on est en présence de ruines byzantines et l'on ne saurait dire avec certitude ce qu'il y avait là à l'époque romaine. Cependant, à sept mètres du portique méridional[1], les assises inférieures, en grand appareil, d'une construction rectangulaire ont un bon aspect, qui peut les faire attribuer au Haut-Empire. Une baie, ménagée au Nord, donnait accès à une salle de 4^{m}15 de largeur sur 3^{m}25 de profondeur. Il est assez vraisemblable que c'était un sanctuaire. Peut-être était-il relié au portique par une cour[2].

A l'Ouest de ce monument et limitant la terrasse sur laquelle il était établi[3], court une muraille de soutènement en blocage[4] ; elle se prolonge loin vers le Sud, et le rempart méridional de la forteresse la franchit à angle droit. De la terrasse, on descendait vers le théâtre par un escalier coudé, large de 1^{m}50, certainement de construction romaine, en partie recouvert par le mur byzantin[5].

Sur le côté opposé de la place, derrière la partie orientale du portique Nord, s'élevaient trois édifices contigus. L'un paraît bien avoir été la curie, lieu de réunion du conseil municipal ; celui que l'on rencontre ensuite en allant vers l'Est était un temple ; la destination du troisième est incertaine.

L'axe du premier n'est pas exactement perpendiculaire au portique : il

---

(1) En admettant que le portique n'ait eu ici que 3^m 65 de largeur.

(2) La construction de même largeur, mais plus profonde, qui précède cet édifice est très mauvaise et doit être attribuée aux Byzantins. Il y a un seuil au Nord, là où passait probablement le mur du portique méridional du forum. Comme il n'est pas dans l'axe de l'édifice que nous supposons avoir été un sanctuaire, il n'appartient certainement pas à l'ordonnance primitive.

(3) On a vu (p. 57) que, de ce côté, le sol naturel est en pente.

(4) Soit entièrement en blocage, soit avec des chaînes en pierres de taille. Ce mur n'ayant sans doute pas paru offrir assez de résistance à la poussée des terres, on l'a doublé partiellement d'un contre-mur, en moellons avec des chaînes, indiqué sur le plan (pl. XVII) par des traits croisés.

(5) Un autre escalier, de dix marches, large seulement de 0^{m}70, longe le mur de soutènement (doublé à cet endroit). Il est fort grossier et a dû être construit par les Byzantins.

oblique un peu à gauche. Du reste, cette petite irrégularité ne devait pas être choquante ; on ne la constate guère que par l'inspection du plan. Peut-être trouve-t-elle une explication suffisante dans la négligence des constructeurs, de laquelle nous avons tant d'exemples à Madaure. Il n'est cependant pas impossible que l'édifice soit antérieur à l'ordonnance du forum, telle qu'elle s'offre à nous ; on l'aurait raccordé avec le portique septentrional en en refaisant la façade.

C'est une grande salle rectangulaire, mesurant 16^{m}50 de long sur 6^{m}35-6^{m}50 de large [1], encadrée par des murs [2] dont la hauteur actuelle ne dépasse pas la taille d'un adulte. Du côté du portique, le front était partagé en trois baies par deux colonnes isolées et, aux extrémités, deux colonnes engagées ; celles-ci se présentaient de biais. Les bases, encore en place, sont d'ordre corinthien [3]. Au même ordre appartient le chapiteau d'une des colonnes engagées, qui a été retrouvé ; il est d'un assez bon travail. La baie centrale servait d'entrée. Elle pouvait être fermée par une grille [4]. Au contraire, les deux baies latérales étaient barrées par des dalles dressées, dont la tranche inférieure s'encastrait dans une longue feuillure [5]. La partie du portique qui s'étendait en avant de la curie pouvait aussi être soustraite à la circulation, car il y avait des grilles entre les colonnes bordant la galerie du côté de la place [6], ainsi qu'en travers de cette galerie [7]. Peut-être était-ce là que se tenaient ceux qui avaient à parler au peuple assemblé dans le forum.

(1) Elle est, en effet, un peu plus large au fond que derrière l'entrée.

(2) En moellons avec des chaînes. Construction médiocre.

(3) Colles des colonnes ont 0^{m}72 de côté.

(4) Mortaises dans le seuil.

(5) En ce lieu gisait une plaque en pierre, longue de 1^{m}53, haute de 0^{m}95, épaisse de 0^{m}21, dont la tranche supérieure s'infléchit en courbe à une de ses extrémités, où elle est décorée d'un dauphin en relief. Un fragment d'une plaque semblable a été trouvé auprès. On pourrait se demander si ces deux pierres ne fermaient pas les baies latérales de la façade de la curie. Leur longueur eût convenu à cet emploi. Mais elles sont un peu trop épaisses pour avoir pu être encastrées dans les feuillures, dont la largeur est de 0^{m}19-0^{m}20. Peut-être, comme le croit M. Joly, constituaient-elles les deux montants d'un siège, dont il serait impossible de déterminer l'emplacement exact. M. Ballu (*Rapport sur les travaux exécutés en 1918* [Alger, 1919], p. 32) y voit des accotoirs de fontaine, — ce qui est, je crois, l'hypothèse la plus plausible, — ou des séparations de sièges de latrines.

(6) Quatre colonnes du portique se dressaient en avant de la curie. Trois bases sont encore en place. Elles présentent des feuillures latérales pour l'insertion d'une clôture, qui était aussi maintenue par des mortaises creusées dans le dallage, entre les bases.

(7) Ce qu'indiquent des mortaises dans le dallage, entre le fond du portique et les bases de la première et de la quatrième des colonnes précédant la curie. Remarquer cependant que ces bases n'ont pas de feuillure sur le côté qui fait vis-à-vis à l'édifice.

La salle est divisée en deux espaces inégaux. Le premier, le plus grand, a un dallage en marbre blanc, bien agencé et en bonne partie conservé ; les parois étaient également revêtues de plaques de marbre [1]. Par derrière, un autre espace, profond seulement de 4^{m}50, était séparé du précédent par une grille [2]. Il est dallé en pierre calcaire. En avant des murs, à droite, à gauche et au fond, on avait établi une sorte de banquette ou d'estrade massive en blocage, dont un débris subsiste à l'angle de droite et qui, d'après les traces laissées sur les dalles par le lit de pose, mesurait 0^{m}94 de largeur [3]. Nous supposons que les membres du conseil siégeaient là. En admettant qu'il y ait eu deux degrés, une soixantaine de personnes pouvaient prendre place, en se serrant les coudes et en ne craignant pas trop les chocs des genoux et des dos. Au fond, devant l'emplacement de cette estrade, le dallage offre un encastrement circulaire, de 0^{m}60 de diamètre, au-dessus duquel se dressait peut-être un autel cylindrique [4].

Le temple voisin de la curie est précédé d'une cour, dallée en pierre calcaire, profonde de 7^{m}50, large de 6^{m}55-6^{m}75 [5], communiquant avec le portique Nord du forum par une grande baie [6]. Le mur qui clôt cette aire à gauche n'est autre que le mur de droite de la curie, monument antérieur au sanctuaire ; celui qui la clôt à droite n'est pas exactement parallèle au premier, car on a voulu le mettre dans le prolongement de la colonnade du portique oriental. Un escalier de sept marches, de bonne construction, s'élève au fond de la cour. Deux bases de colonnes [7], placées symétriquement devant le degré inférieur, semblent attester une division en trois travées, qui devaient être fermées en haut par un entablement, reliant les murs latéraux : décor peu heureux, car il coupait la vue de la façade du temple. L'escalier conduit à un espace dallé [8], où l'on n'a retrouvé aucun vestige d'une colonnade

---

(1) Comme il n'en est resté que de misérables morceaux, on ne sait pas jusqu'à quelle hauteur s'élevait ce placage ; il ne formait peut-être qu'une plinthe.

(2) Mortaises dans le dallage.

(3) Elle était bordée à ses deux extrémités par une murette en pierres de taille.

(4) Conf., pour un encastrement semblable, *supra*, p. 60.

(5) Elle s'élargit vers le fond, par suite de la divergence des murs latéraux.

(6) Qui paraît avoir eu 2^{m}40 de largeur.

(7) De 0^{m}50 de côté.

(8) D'une manière médiocre.

qui aurait constitué un *pronaos* : il est à croire qu'il n'y en avait pas et que cet espace était un simple palier [1].

De la *cella*, il ne reste plus que le soubassement [2], encadrant un vide de 5m90 de long sur 4m50 de large. Le mur du fond forme au milieu un renflement semi-circulaire, qui fait saillie vers l'extérieur et que surmontait évidemment une petite abside, contenant une statue. L'existence antérieure de la curie explique, semble-t-il, pourquoi la *cella* est moins large que la cour, l'escalier et le palier [3] : la paroi de gauche de la *cella* ne pouvait pas se confondre avec celle de droite de la curie, car elle devait s'élever plus haut que la toiture de l'édifice municipal. Il a donc été nécessaire de laisser un intervalle entre ces deux parois, que l'on a reliées par des murs transversaux ; le vide intermédiaire fut sans doute remblayé jusqu'à une certaine hauteur.

Le temple que nous venons d'étudier n'était pas le Capitole, mentionné dans une inscription [4], car l'étroitesse de la *cella* et la disposition de l'abside prouvent qu'une seule divinité y était adorée. Laquelle ? Je ne saurais le dire. On peut penser à Mars, en grand honneur dans la colonie militaire de Madaure [5].

A l'angle des portiques septentrional et oriental, une baie [6], pourvue d'une grille [7], donnait accès à une salle rectangulaire, de 5m95 de profondeur sur 4m80 de largeur. Le mur de gauche se confond avec le mur de droite de la cour précédant le temple [8]. Le sol est dallé en marbre blanc veiné et des restes d'un placage en marbre blanc uni revêtent encore le bas d'une des parois. Peut-être cette salle était-elle un sanctuaire : la statue du dieu ou de la déesse aurait été dressée au fond, sur une base isolée.

---

(1) En tout cas, il est bien difficile d'admettre l'existence simultanée de deux lignes de colonnes, l'une au bas, l'autre au haut de l'escalier.

(2) En moellons, avec des angles en pierres de taille.

(3) Celui-ci a une largeur de 6m90.

(4) *I. L. A.*, 2146. Conf. *supra*, p. 35.

(5) *Supra*, p. 36. On a trouvé derrière cette ruine deux fragments d'une table de marbre, sur laquelle était gravée la dédicace d'un temple de Mars (*I. L. A.*, 2055). Mais trois autres morceaux de la même table ont été recueillis sur divers points du forum, et un sixième au théâtre.

(6) Large de 2m75.

(7) Mortaises dans le dallage.

(8) Qui est probablement d'époque antérieure. On a indiqué (p. 56) la possibilité de l'existence d'une rue, qui serait venue rejoindre la place en longeant le temple, et que la construction de cette salle aurait interceptée.

Nous avons dit[1] qu'à la rencontre de deux rues, un passage s'ouvre dans le mur du portique septentrional, auprès de la curie. C'est une baie large de deux mètres, dont le seuil a des mortaises pour l'insertion d'une grille. Sur une des dalles qui la précèdent, se lit une inscription de deux lettres, *B B*[2], c'est-à-dire *Bonis bene!*, formule fréquente dans l'épigraphie africaine : sous la forme d'un souhait adressé aux *boni*, c'était surtout une précaution prise contre les *mali*, ceux qui avaient le mauvais œil.

Il n'y a pas d'édifice sur le côté Nord du forum, à l'Ouest de cette entrée, le portique étant longé par une des deux rues, celle qui remonte la pente. Il se coude à l'angle Nord-Ouest de la place et va bientôt se heurter à un temple (voir ci-après). Derrière ce retour, on a établi, au-dessus du sol incliné, une terrasse, de 13 mètres sur 6, maintenue par deux murailles, à l'Ouest[3] et au Nord, celle-ci dans le prolongement du mur du portique septentrional et en bordure de la rue[4]. La plate-forme ainsi constituée offre des lambeaux d'un dallage[5]; dans l'état des ruines, il est impossible de reconnaître s'il tapissait un espace à ciel ouvert, ou bien une salle[6].

Les deux tiers du côté occidental du forum se retrouvent à l'intérieur de la forteresse. Les fouilles ont mis au jour le bas d'un temple, partiellement encastré dans le rempart byzantin ; 17m50 plus au Sud, un mur qui est parallèle aux flancs du temple et qui a probablement appartenu à un monument semblable ; dans l'intervalle, les vestiges d'un grand portique.

Du temple, dont la façade regardait le Sud-Est et qui mesurait 13m30 de long sur 6m10 de large[7], il reste, à droite, à gauche et par derrière, un ban-

---

(1) P. 56.

(2) *I. L. A.*, 2191.

(3) La muraille Ouest part de l'angle Nord-Ouest du temple, auquel elle est certainement postérieure.

(4) L'angle que forment les deux murailles présente une échancrure qui a permis de ne pas trop rétrécir la rue, déjà fort étroite à cet endroit (voir le plan, pl. XVII). — Plus bas, à 16 mètres de là, on a construit une autre muraille de soutènement en travers de la pente. Elle s'amorce au mur courbe du théâtre et se coude deux fois. Au Nord, elle a été recouverte par une basilique de basse époque, que nous étudierons à la fin de la description du forum.

(5) A un niveau un peu inférieur à celui du portique contigu.

(6) Dans la partie septentrionale de cette plate-forme, un petit bassin rectangulaire a été creusé, sans doute très tardivement.

(7) Dimensions extérieures.

deau taillé vers l'extérieur en glacis, et, sur ce bandeau, une ou deux assises ; quelques pierres des murs transversaux qui portaient, l'un la colonnade du *pronaos*, l'autre le front de la *cella* ; enfin, par derrière, le soubassement de quatre assises qui a été bâti sur le terrain en pente, pour porter le bandeau et le mur qui le surmontait. Le tout est en blocs de grand appareil, d'excellente construction.

L'édifice empiète sur l'aire du forum, faisant une saillie de 2^m70 en avant des portiques dont il est flanqué. De ce côté, se trouvait l'escalier, entièrement disparu. Comme le montre un retour du glacis sur le front, il était encadré de deux perrons. Il s'étendait sur une profondeur de 2^m56 ; il avait huit marches et s'élevait à 1^m60, si nous admettons pour chaque degré une largeur de 0^m32 et une hauteur de 0^m20. Le *pronaos* était profond de 3 mètres ; il devait présenter une façade de quatre colonnes, dont aucun débris ne subsiste. Les dimensions intérieures de la *cella* étaient de 6^m50 de l'Est à l'Ouest et de 5 mètres du Nord au Sud. Une porte, ménagée sous le *pronaos*, à gauche[1], donnait accès à une double cave, qui servait sans doute de magasin.

Nous ne savons pas à qui ce sanctuaire était dédié. Tout près de là, un couloir souterrain byzantin contient un morceau de la dédicace d'un temple, élevé sous Hadrien aux empereurs divinisés, *aedes Divorum*[2]. L'inscription indique que le monument était en pierres de taille, qu'il avait une crypte, un *pronaos*, un escalier, des colonnes en marbre[3]. Cela peut convenir à notre temple[4] ; les colonnes de marbre, qui font défaut, ont pu tenter les constructeurs d'une église ou de quelque édifice de basse époque, ou bien être jetées dans des fours à chaux. Mais l'identification serait très risquée, car deux autres morceaux de la même dédicace ont été retrouvés assez loin du premier[5].

---

(1) Un seuil, long de 1^m55, avec des trous pour maintenir des gonds, est taillé à cet endroit sur la face supérieure du bandeau à glacis. Le mur était donc interrompu par une baie. Il ne semble pas que cet aménagement puisse être attribué aux Byzantins.

(2) Conf. *supra*, p. 37.

(3) *I. L. A.*, 2082 : « ... aedem Divorum ... [opere qua]drato, cum crypta, et pronavo, et [g]radib(us), et columnis ma[rmoreis] ... »

(4) Comme à quelques douzaines de temples romains.

(5) L'un est encastré dans la muraille Est de la forteresse, l'autre gisait au Sud-Ouest de cette ruine.

Le sanctuaire était en ruines lors de la venue des Byzantins[1]. Ils ont utilisé ce qui restait du côté droit et du mur postérieur, pour y asseoir le parement extérieur du rempart de leur forteresse, sur une partie de la face Nord et sur le retour reliant celle-ci au théâtre.

Le portique qui borde l'aire du forum au Sud du temple[2] avait un front de sept colonnes[3], dressées dans l'alignement de la colonnade du *pronaos*. Les bases[4], dont plusieurs ont été trouvées en place, sont plus grandes que celles des autres portiques[5]. Les chapiteaux, d'ordre corinthien et de bon style, ont une hauteur de 0m60. Nous n'avons pas vu de fûts complets, mais, d'après les dimensions des bases et des chapiteaux, on peut calculer que la hauteur totale des colonnes était d'environ 5 mètres; ailleurs, elle était de 4m15 seulement[6]. Cette galerie, dont le sol est revêtu de dalles plus larges, a plus de profondeur que les autres : 9m50. Sauf au Nord-Ouest[7], le mur qui portait la toiture se confond avec le mur postérieur du théâtre.

De même que le portique était fermé au Nord par le côté gauche du temple, il était bordé au Sud par un mur qui devait constituer le côté droit d'un autre temple, faisant pendant au premier. Il ne reste de ce mur qu'une petite portion du bandeau, taillé en glacis, qui portait les assises en grand appareil et qui est exactement semblable au bandeau courant au bas de l'autre sanctuaire. Il repose sur une muraille en blocage[8], qui va rejoindre à angle droit le mur de fond du théâtre. Des autres parties du second temple, front, mur de gauche[9], mur postérieur, on ne retrouve rien, pas même les fondations : nous aurons à chercher pour quelle raison.

Cet ensemble, formé de deux sanctuaires et d'un portique qui les relie, est certainement plus ancien que le reste du forum et que le théâtre.

---

(1) V. *supra*, p. 53.

(2) Nous avons fait remarquer (p. 60. n. 4) qu'il n'est pas, comme les autres portiques, précédé d'une marche.

(3) Il faut en ajouter une sur le plan, pl. XVII.

(4) D'ordre attique.

(5) Elles ont 0m77 de côté.

(6) *Supra*, p. 61.

(7) Où le mur du portique a été remplacé par le rempart byzantin.

(8) Avec des chaînes en pierres de taille. Elle est large de 0m80.

(9) La muraille parallèle aux fondations du mur de droite, dont elle est distante de 3m20 au Sud, appartient à l'époque byzantine.

On a vu que le portique septentrional de la place fait retour sur le côté Ouest jusqu'au premier de nos deux temples. Or le degré qui précède la galerie et le dallage qui la revêt viennent s'appliquer contre le bandeau à glacis du temple et sont, par conséquent, plus récents. A l'angle Sud-Ouest de l'aire, les portiques méridional et occidental ne sont pas au même niveau : le dallage du premier dépasse de 0^{m}15 celui du second, contre lequel il vient buter ; s'ils étaient contemporains, il y aurait là une malfaçon intolérable. Le temple Nord a été cerné, dans sa partie antérieure, par le dallage de la place ; il est vrai que ce dallage appartient peut-être à la réfection due à la libéralité d'Aurelius.

Si le temple Sud, symétrique au temple Nord, avait, comme on peut le croire, exactement les mêmes dimensions, il faut admettre que le mur de fond du théâtre passe là où s'élevait auparavant la partie postérieure de la *cella*. Ce mur est plus récent que les fondations du côté droit du sanctuaire : l'agencement de plusieurs pierres, au point de rencontre, paraît bien l'attester. D'autre part, la façade du temple Sud n'eût pu subsister que si, lors de l'adoption d'un nouveau plan pour le forum, on se fût décidé à donner à la place des dimensions beaucoup plus vastes : le portique méridional, établi plus au Sud, aurait fait un retour sur le côté Ouest, pour rejoindre le temple : c'eût été le pendant de l'ordonnance adoptée au Nord-Ouest.

La solution à laquelle on s'arrêta fut plus modeste ; le portique méridional reçut même, probablement, dans sa partie Ouest une largeur inférieure à celle qu'on lui donna à l'Est [1], afin que la paroi du fond s'alignât avec le mur de droite du temple Sud. Ce mur fut conservé parce qu'il servait de clôture au grand portique occidental. On démolit le reste, que la construction du théâtre et la transformation du forum ne permettaient pas de laisser en place. Peut-être le sanctuaire n'avait-il jamais été achevé [2] ; dans ce cas, le sacrifice fut bien moins pénible. Quant au mur postérieur du portique occidental, il ne subit sans doute aucune modification et il constitua désormais une partie du mur de fond du théâtre.

---

(1) *Supra,* p. 63.

(2) Outre la difficulté d'admettre la démolition d'un édifice important, d'un temple vénéré, un argument peut être présenté en faveur de cette hypothèse. Le mur transversal servant de fondation à la façade de la *cella* devait sans doute s'aligner avec celui qui remplissait le même rôle dans le temple Nord. S'il avait été construit, il est à croire qu'on l'aurait utilisé, en le comprenant dans la muraille qui fut établie perpendiculairement à l'axe du temple, pour soutenir une terrasse au Sud-Ouest du forum (*supra,* p. 63). Or cette muraille passe 0^{m}60 plus à l'Est.

A la description du forum, il convient de joindre celle d'un édifice voisin de la place, mais ne communiquant pas directement avec elle C'est une basilique, que l'on a appliquée contre la muraille de soutènement dressée quelques mètres en arrière de l'angle Nord-Ouest de l'aire[1]. Cette muraille a formé le bas d'un des petits côtés de la salle, à l'Est[2]. L'un des grands côtés, au Nord, est longé par la rue montante qui, plus haut, va longer le portique septentrional du forum[3]. La construction est des plus médiocres. Le soubassement se compose de pierres de grand appareil, prises ailleurs, les unes à bossages, les autres lisses; au-dessus, des murs en moellons[4], fort mal conservés. L'entrée s'ouvre à l'angle Nord-Est, dans un recoin de la rue; le seuil, plus élevé que la chaussée, était précédé de deux ou trois marches[5].

La salle mesure 19^{m}90 de long sur 7^{m}80 de large. Comme dans l'autre basilique, il n'y a qu'une nef. Le sol est revêtu d'un méchant dallage, sauf dans la partie occidentale, où un espace profond de 3^{m}70 était peut-être occupé par une estrade, place des magistrats qui rendaient la justice. Dans la partie dallée, des socles s'adossent aux murs longs, six de chaque côté. Ils ont été empruntés à des monuments plus anciens et sont de dimensions diverses[6]. Pour accroître l'épaisseur de ceux du Sud, on a doublé chacun d'eux d'une tranche découpée dans un socle semblable. Par-dessus, on avait sans doute posé des dés, surmontés de corniches, et ces piédestaux portaient des statues : de tout cela, rien n'a été retrouvé[7].

Cette basilique, mal bâtie avec des matériaux de démolition, postérieure au

---

(1) Voir p. 67.

(2) Elle était traversée par un égout, qui venait du forum (*supra*, p. 59, n. 5), et dont on dut modifier le tracé, car, autrement, il aurait débouché en plein dans la basilique. Nous retrouvons plus au Nord-Ouest un égout, se raccordant sans doute avec celui-ci, dans l'épaisseur du second mur de soutènement qui s'amorce au théâtre et que la basilique a partiellement recouvert (conf. p. 67, n. 4).

(3) Elle n'est plus dallée à la hauteur de la basilique.

(4) Avec des chaînes en pierres de taille. Les angles sont aussi en gros matériaux.

(5) Qui ont disparu.

(6) Largeur 0^{m}74-0^{m}79 pour ceux du Sud, 0^{m}80-0^{m}92 pour ceux du Nord.

(7) Une autre hypothèse peut venir à l'esprit. Les pierres moulurées retrouvées en place auraient été des bases de pilastres, qui auraient porté les entraits de la charpente du toit. A quoi nous objecterons qu'elles sont bien rapprochées les unes des autres et que, dans cette hypothèse, leur absence au fond de la salle ne s'expliquerait guère. Du reste, la basilique avait une largeur très médiocre et il n'était pas nécessaire de diminuer la portée des entraits par des saillies en avant des parois intérieures.

théâtre [1] et à la transformation du forum [2], doit dater du Bas-Empire. Peut-être l'appelait-on la *basilica nova*, par opposition à la *basilica vetus*, mentionnée dans une inscription que nous avons citée [3]. Nous pourrions en conclure qu'elle existait lors de la gravure de cette inscription, au début du IV⁰ siècle au plus tard [4].

On voit que le forum et les édifices qui l'entourent appartiennent à des temps divers. Nous attribuons à une première époque [5] les deux temples de l'Ouest et le portique intermédiaire. Par devant, pouvait s'étendre une aire, ayant même largeur que cet ensemble et peut-être dépourvue de portiques sur ses autres côtés. Il n'est pas invraisemblable que la basilique du Sud ait été élevée en bordure du côté méridional [6]; la baie latérale qui donne accès à la salle se serait ouverte directement sur l'aire. Au Nord, la curie aurait été à une douzaine de mètres de la place, à laquelle elle pouvait être reliée par une cour, ou une *piazzetta*.

Plus tard, approximativement vers la fin du second siècle, on aurait reporté l'aire plus au Nord, peut-être pour la rapprocher de la curie. On l'entoura de portiques. Puis on construisit autour plusieurs sanctuaires, sans doute l'un après l'autre. Dans le cours du III⁰ siècle, un certain Aurelius fit don d'une grosse somme pour la réfection du dallage de l'aire et des portiques. La seconde basilique peut dater du début du Bas-Empire.

Une inscription de la fin du IV⁰ siècle [7] commémore une restauration du forum et de tous ses édifices [8], faite par les soins et aux frais d'un curateur de la

---

(1) Elle chevauche un mur qui s'amorce au théâtre : voir p. 71, n. 2.

(2) Puisqu'un de ses murs est constitué par le soutènement d'une terrasse qui n'a pu être faite avant la construction du retour du portique septentrional sur le côté Ouest de la place.

(3) P. 62.

(4) La salle a été sectionnée plus tard pour servir à d'autres usages. On y a trouvé de mauvais murs, des rangées de cuves, des chapiteaux de types divers.

(5) Il y eut évidemment un forum dès la fondation de la colonie. Mais il ne s'embellit sans doute que peu à peu.

(6) Le couloir qui la sépare du portique méridional serait de date postérieure, contemporain de la transformation du forum.

(7) *I. L. A.*, 2107 (de 399-400 après J.-C.).

(8) « ... [forum cum omni]bus a[e]dibus suis, quae ruinarum l[abe foedabantur (?), o]biectione trabium, constructione te[ctorum] .... » La restitution *forum* n'est guère douteuse, eu égard au contexte et au lieu où la pierre a été trouvée. Je traduis *aedibus* par « édifices ». C'étaient surtout des temples, mais, à cette époque, on ne devait plus y célébrer un culte public.

colonie. Elle est gravée sur une longue table[1], qui était encastrée dans de petits piliers[2] et devait être dressée au lieu où elle gisait lorsque les fouilles l'ont exhumée : en avant du portique occidental, contre le perron de gauche du temple. L'épigraphie de ce temps avait coutume de célébrer en termes ampoulés des travaux d'une importance médiocre. Autant que la mutilation du texte permet d'en juger, il s'agissait de réparations de toitures.

III

Des statues s'élevaient sur la place et sous les portiques qui l'entouraient : images de divinités, de princes, de bienfaiteurs de la colonie, taillées dans le marbre ou coulées en bronze. Maxime écrivait à saint Augustin [3] : « Nous nous félicitons de voir le forum de notre ville occupé par un grand nombre de divinités tutélaires » ; ce qui, du reste, pouvait s'appliquer à des sanctuaires aussi bien qu'à des statues isolées. Et Augustin lui répondait [4] : « Je me souviens que, sur ton forum, Mars a deux statues, l'une nue, l'autre armée ; une statue humaine leur fait vis-à-vis et allonge trois doigts pour réprimer la malveillance dont ce démon est animé envers les citoyens [5]. »

Sur l'aire, l'emplacement de cinq bases se distingue encore nettement [6]. Vers le milieu, mais un peu de biais, c'est un soubassement qui, mesurant deux mètres de côté, devait être surmonté d'un monument assez important. Près de là, deux autres, plus petits : l'un, au Nord, de 1^m04 sur 0^m85 ; l'autre, à l'Ouest,

---

(1) Longue de 2^m33, haute de 0^m80, épaisse de 0^m24.

(2) Comme l'indique une feuillure dont chacun des deux côtés de la table est pourvu.

(3) *Apud* Augustin, *Lettres*, XVI, 1 : « At vero nostrae urbis forum salutarium numinum frequentia possessum nos cernimus et probamus. »

(4) *Lettres*, XVII, 1 : « ... in isto foro recordarer esse in duobus simulacris unum Martem nudum, alterum armatum, quorum daemonium infestissimum civibus, porrectis tribus digitis, contra collocata statua humana comprimeret. »

(5) Le pouce, l'index et le médius ouverts, tandis que les autres doigts restent fermés. C'était là un geste prophylactique (conf. Lafaye, dans *Dictionnaire des antiquités*, II, p. 985, s. v. *Fascinum*). Mars était un des principaux dieux de la colonie (*supra*, p. 36) et, en général, les Madauriens ne devaient pas supposer qu'il eût à leur égard de mauvaises intentions. Je me demande si saint Augustin ne reproduit pas ici une interprétation facétieuse du geste d'une statue qu'on aurait érigée sur la place, en face des deux Mars, mais sans penser le moins du monde à la mettre en relation avec eux.

(6) Elles sont indiquées sur le plan, pl. XVII.

10

de 1ᵐ35 de côté ; celui-ci est tout à fait de travers, ce qui devait produire un effet disgracieux. En avant du portique méridional, un quatrième soubassement, oblong, de 1ᵐ60 sur 0ᵐ78, a des dimensions convenables pour une statue équestre. Le cinquième, qui précède le portique oriental, est de même forme, mais plus grand encore (2ᵐ40 sur 1ᵐ40) ; peut-être était-il surmonté d'une statue en char [1]. Sous le portique septentrional, la partie inférieure d'une base en marbre est restée en place, auprès de l'entrée du temple contigu à la curie ; un soubassement se voit sous le portique oriental, à proximité de la baie qui, de ce côté, donne accès au forum.

Les fouilles nous ont encore rendu des bases, plus ou moins mutilées, qui n'étaient pas à leur place primitive. Il est impossible de savoir où elles avaient été dressées. Il n'est pas même certain que toutes aient appartenu à la décoration du forum ; quelques-unes ont pu être apportées de plus loin [2]. Sur ces pierres, se lisent des dédicaces au *Genius* de la légion *III Augusta* [3], à la *Fides publica* [4], à la Victoire [5], à un fonctionnaire de l'ordre équestre [6], à un gouverneur de province qui vécut au début du Bas-Empire [7], etc. La plus intéressante de ces inscriptions est celle qui concerne Apulée ; nous l'avons déjà mentionnée [8]. A cette liste, on peut joindre, si l'on veut, des bases encastrées par les Byzantins dans leur forteresse ; ils ont dû les prendre de préférence au lieu même où ils élevèrent leurs murailles. Ce sont deux dédicaces au *Genius coloniae* [9], d'autres aux empereurs Hadrien [10] et Gratien [11], une autre à la femme d'un flamine perpétuel [12]. D'autres bases encore, trouvées dans des

---

(1) Une inscription de Madaure (*I. L. A.*, 2145) mentionne l'« hono[re]m bigae et statuae », décerné à un ancien magistrat, chevalier romain. Pour ces statues sur des chars à deux chevaux, conf., par exemple, *C. I. L.*, VIII, 7103 ; *Bull. archéol. du Comité*, 1912, p. cclxv ; *Comptes rendus de l'Acad. des Inscriptions*, 1915, p. 316.

(2) Comme les nombreuses pierres tumulaires, païennes et chrétiennes, que les fouilles du forum ont exhumées.

(3) *I. L. A.*, 2044. C'est un couronnement de base.

(4) *Ibid.*, 2039.

(5) *Ibid.*, 2070 ; peut-être un autel, non une base.

(6) N° 2118.

(7) N° 2117.

(8) P. 31.

(9) *I. L. A.*, 2042, 2043.

(10) *Ibid.*, 2081.

(11) N° 2105.

(12) N° 2149 : statue érigée par le mari de cette dame, « offerente ordine ».

ruines voisines, ont pu être empruntées au forum, pour servir de matériaux de construction : dédicaces à Mercure [1], au *Genius sanctissimi Senatus* [2], à Valentinien Ier ou II [3], à deux proconsuls du temps de Constantin, [Ceionius] Julianus [4] et Gezeius [5] Largus [6]. Les deux dernières sont des dés de dimensions identiques, portant des inscriptions rédigées dans les mêmes termes : les statues ont dû se faire pendant, soit sur le forum, soit dans un édifice situé à proximité de la place, peut-être la basilique nouvelle [7].

De cette foule de statues, de nombreux débris ont revu le jour [8]. Nous les décrirons avec une hâte que nous croyons justifiée, car presque toutes ces images de marbre sont vraiment bien banales et d'une exécution bien médiocre.

D'abord, quelques-unes de ces divinités qui réjouissaient le cœur dévot du grammairien Maxime. D'une Minerve, il ne reste que le bas (pl. XIII bis, fig. 6) [9]. A sa gauche, se dresse, sur un tronc d'arbre, un bouclier rond (orné d'une tête de Méduse), que la déesse retient de sa main et derrière lequel se glisse un serpent. — Une tête féminine (pl. XIII, fig. 2) [10] constituait, comme l'atteste une mortaise creusée dans la section du cou, une pièce à part, ajustée sur un corps ; l'ensemble devait atteindre 2^{m}50 de hauteur. On ne sait quel nom proposer : Cérès, Hygie, quelque divinité allégorique ? — Une statue (fig. 7) [11],

FIG. 7. — Statue
trouvée sur le forum

---

(1) N° 2059.

(2) N° 2045.

(3) N 2106.

(4) N° 4011 : un des trois morceaux de cette base a été recueilli sur le forum même.

(5) La pierre porte *Cezeo*, au datif ; mais une inscription, découverte en Tunisie (*C. I. L.*, VIII, 14436), appelle ce personnage *Gezei*, au génitif.

(6) *I. L. A.*, 4012 : six morceaux dispersés ; deux ont été trouvés sur le forum.

(7) C'est auprès de cette basilique qu'on a découvert les plus gros fragments des deux bases.

(8) Pour la plupart transportés au théâtre romain de Guelma, où iront aussi ceux qui sont encore à Mdaourouch.

(9) Grandeur nature. Hauteur de ce qui reste 0^{m}70. Tunique tombant sur les pieds, qui sont chaussés de sandales. Travail supportable. Le derrière est plat.

(10) Trouvée dans la partie orientale du forum. Hauteur 0^{m}41. Nez cassé ; bouche et menton endommagés. Exécution médiocre (époque des Sévères ?).

(11) Grandeur nature. Hauteur de ce qui reste 1^{m}34.

brisée en deux morceaux [1], porte une tunique dont l'arrangement est imité du costume dit dorien du Ve siècle [2]. Il est aussi difficile d'attribuer un nom à ce corps sans tête, ni bras, qu'à la tête sans corps qui précède. Peut-être est-ce une Cérès [3]. — Un torse féminin [4]. Tunique sans manches, serrée d'un cordon sous les seins ; manteau posé sur l'épaule gauche, traversant le dos en écharpe et ramené sur l'avant-bras gauche. Ce bras était plié, et la main, s'avançant, devait tenir quelque objet ; la main droite était levée et pouvait tenir un sceptre. Même incertitude pour l'identification. — Puis de maigres fragments. Le haut d'une tête [5], dont les longs cheveux, ceints d'une couronne de feuillage, sont disposés comme ceux des Génies [6]. Le bord d'une corne d'abondance colossale, remplie de fruits. Un bras droit nu, de femme ou d'adolescent [7], pièce sculptée à part, d'un modelé excellent, qui procure une agréable surprise, mais fait vivement regretter la perte du reste de la statue ; la main [8] paraît avoir tenu un objet allongé dont on ne peut déterminer la nature.

Les images impériales forment une série assez abondante. Trois statues cuirassées [9], un peu plus grandes que nature, ont été recueillies dans le voisinage de la curie [10]. Elles ont malheureusement perdu tête, bras [11] et jambes. La tête portait une couronne de laurier ou de chêne, attachée par un ruban dont les bouts tombaient sur les épaules [12]. Les mains devaient tenir les attributs ordinaires : la gauche, une courte épée dans son fourreau ; la droite, une haste [13].

---

(1) Qui se raccordent partiellement. L'avant-bras droit (avec la main) formait un morceau rapporté. peut-être lors d'une restauration.

(2) Mais les bras étaient couverts. Les pieds sont nus.

(3) Conf., par exemple, *Catalogue du Musée Alaoui*, Supplément, pl. xxxiv, fig. 1 (statue de Bulla Regia).

(4) Grandeur nature. Hauteur de ce qui reste 0^m45.

(5) Grandeur nature.

(6) Conf. *Announa*, p. 84, fig. 23 ; Gsell et Bertrand, *Musée de Philippeville*, pl. vii, fig. 5.

(7) Un peu plus grand que nature.

(8) Dont les doigts sont en partie cassés.

(9) Pour les statues impériales cuirassées trouvées en Afrique, voir Michon, *Bull. archéol. du Comité*, 1913, p. 288 ; Héron de Villefosse, *ibid.*, 1916, p. 93 et suiv., 107-8.

(10) Elles ne sont qu'ébauchées par derrière : elles étaient donc destinées à être adossées.

(11) La première n'a perdu que ses avant-bras.

(12) On en voit des restes sur les deux premières statues.

(13) Conf., par exemple, Gsell et Bertrand, *Musée de Philippeville*, pl. viii ; Héron de Villefosse, *Comptes rendus de l'Acad. des Inscriptions*, 1918, p. 55.

La meilleure de ces statues est celle que nous reproduisons pl. xiv, fig. 1 [1].
L'exécution habile, à la fois souple et ferme, ne permet guère de la dater
d'une époque postérieure au premier tiers du second siècle ; ce que confirme
un détail de la cuirasse : en bas, elle est bordée de deux rangées de plaques
semi-circulaires ; plus tard, il n'y en a qu'une. L'absence de ceinture et
l'arrangement du manteau [2] dénotent aussi une époque relativement ancienne.
Malgré la disparition de la tête, on peut constater que l'empereur représenté
ne portait pas la barbe : c'était donc Trajan ou un de ceux qui l'avaient précédé
depuis la fondation de la colonie flavienne. La cuirasse est rehaussée de figures
et d'ornements, choisis dans le répertoire usuel : au haut de la poitrine, une
tête de Méduse ; au milieu, deux chimères, flanquant un candélabre qui se
dresse à l'intersection de deux rinceaux ; sur le ventre, une palmette renver-
sée. Dans la première rangée de plaques, une tête de Jupiter Ammon, de face,
garnit la lamelle centrale ; à droite et à gauche, un mufle de lion (tenant un
anneau dans la gueule), puis une tête de Méduse, de profil ; enfin, sur le côté
droit, un casque. Dans la seconde rangée, par devant, deux palmettes ; à droite
et à gauche, une tête d'éléphant, de profil ; plus loin, sur le côté droit, une
paire de boucliers longs, croisés. Les autres lamelles, qui, quand on regardait
la statue de face, ne tombaient pas sous les yeux, ont été laissées sans décoration. Sur l'épaule droite, la bretelle est ornée d'un foudre et se termine par
un mufle de lion ; la gueule de l'animal tient un anneau, dans lequel est passé
le nœud de la lanière d'attache.

Dans la seconde statue (pl. xiv, fig. 3) [3], une ceinture molle, très longue,
forme un gros nœud, et les bouts sont repliés dans la partie qui entoure la
taille. Le haut de la cuirasse est recouvert par le manteau. Au milieu, deux
griffons [4], dont on n'a représenté que l'avant-corps, sont en face l'un de
l'autre, mais retournent la tête. A la hauteur du nombril, une rosace ; sur le
ventre, un aigle, tenant le foudre et flanqué de deux rinceaux. Sur l'unique
rangée de plaques, une tête de Méduse, de profil ; deux têtes de taureaux et

---

(1) Hauteur de ce qui reste 1ᵐ40. A la droite du personnage, cippe (?) couvert de grappes
de raisin ; il n'en subsiste que le haut.

(2) Il est jeté sur l'épaule gauche et ramené sur l'avant-bras gauche. Dans les deux autres
statues, il est attaché sur l'épaule droite par une fibule, couvre le haut de la poitrine et est
ramené sur l'épaule gauche.

(3) Hauteur de ce qui reste 1ᵐ27.

(4) L'un d'eux est en grande partie caché par le manteau.

deux casques ; au delà, sur le côté gauche, une paire de boucliers longs, croisés, et un bouclier d'Amazone, surmonté d'un objet en forme de croix. Le travail, inférieur à celui de la première statue, est encore correct. S'il était nécessaire de dénommer ce torse, je proposerais Antonin le Pieux, Marc-Aurèle ou Lucius Vérus [1].

La troisième statue (pl. xiv, fig. 2) [2], où l'on retrouve la même ceinture, la même disposition du manteau [3], la rangée unique de plaques semi-circulaires, est devenue presque entièrement fruste. Sur la poitrine, deux avant-corps de griffons se font vis-à-vis ; sur le ventre, deux rinceaux sortent d'une feuille d'acanthe. Les motifs qui décoraient les plaques ne sont plus distincts.

Outre ces trois torses, les fouilles du forum ont livré bon nombre de fragments de statues d'empereurs : un morceau de torse [4], où la cuirasse offrait des images de griffons [5] ; une tête, pitoyablement mutilée, ceinte d'une couronne de laurier, — d'après la forme générale, la disposition des cheveux, abondants et bouclés, et de la barbe, bien fournie, mais assez courte, on devine qu'elle représentait Antonin le Pieux [6]; elle appartenait à une image plus grande que les précédentes — ; et encore différents débris de têtes [7], de bras [8], de pieds [9], etc. Des confrontations minutieuses, que nous n'avons pas pu

---

(1) Conf., par exemple, l'Antonin de Philippeville (*supra*, p. 76, n. 13), le Lucius Vérus de Timgad (Ballu et Cagnat, *Musée de Timgad*, pl. iii, fig. 3).

(2) Hauteur de ce qui reste 1m38.

(3) Il descend moins bas sur la poitrine.

(4) Plus grand que nature. Sur l'épaule droite, pend un ruban de la couronne. Le manteau est disposé comme dans les fig. 2 et 3 de la pl. XIV. Le dos n'est pas travaillé.

(5) Il ne reste qu'une aile d'un de ces animaux.

(6) Conf., par exemple, la statue de Philippeville déjà citée ; Doublet et Gauckler, *Musée de Constantine*, pl. vi, fig. 2 ; *Bull. archéol. du Comité*, 1915, pl. xxi (« Hadrien »).

(7) Haut d'une tête plus grande que nature ; couronne laurée, avec un médaillon au-dessus du front. — Fragment d'une tête couronnée de même. — Derrière d'une tête, un peu plus grande que nature, couronnée de chêne ; le personnage semble avoir été barbu. — Partie postérieure d'une autre tête, plus grande que nature, couronnée de chêne ; très médiocre d'exécution.

(8) Avant-bras gauche, recouvert du manteau (conf. pl. XIV, fig. 1); la main tenait une épée dans son fourreau. Le morceau appartenait à une statue plus grande que les fig. 2 et 3 de la pl. XIV.

(9) Chaussés de riches bottines (conf., par exemple, la statue d'Antonin de Philippeville). Plusieurs sont de la taille des statues reproduites pl. XIV ; d'autres, plus grands.

faire [1], permettront peut-être de rattacher, avec plus ou moins de vraisemblance, quelques-uns d'entre eux aux torses étudiés ci-dessus.

Une impératrice « en Cérès » est reproduite pl. xv, fig. 5 [2]. Elle porte une couronne en forme de croissant, une tunique à manches, un manteau, ramené sur la tête, passant sous le coude droit, enveloppant le corps et enfin rejeté sur l'épaule et le bras gauches [3]. La main droite était levée et devait tenir un sceptre [4] ; la main gauche, baissée sur la cuisse et relevant le manteau, tient des pavots et des épis. La coiffure est celle que portaient volontiers les dames romaines entre 160 et 180 de notre ère, celle de Lucille, fille de Marc-Aurèle et femme de Lucius Vérus. Le visage est défiguré par des cassures [5] ; cependant on peut, je crois, y reconnaître cette princesse. L'œuvre est d'une honnête médiocrité.

Fig. 8. — Statue trouvée sur le forum.

D'une dizaine de statues de Romains en toge [6], de Romaines drapées dans leur tunique et dans leur manteau, il reste des morceaux plus ou moins importants, d'exécution très inégale : voir, entre autres, la fig. 8 [7]. Dans cette fabrication industrielle, les têtes seules différaient et pouvaient offrir quelque intérêt ; or elles manquent toutes.

Pour finir, mentionnons deux statuettes qui avaient orné des fontaines. De

---

(1) Il faut attendre que tous les morceaux aient été rapportés à Guelma et qu'on puisse les rapprocher commodément.

(2) Plus grande que nature. Hauteur de ce qui reste 1ᵐ35.

(3) Arrangement banal : voir, par exemple, S. Reinach, *Répertoire de la statuaire*, II, p. 656, fig. 9 (la main gauche tient, comme ici, des pavots et des épis) ; *Catalogue du Musée Alaoui*, Supplément, pl. xxxv, fig. 3 ; Gauckler, *Musée de Cherchel*, pl. xvii, fig. 3 ; Ballu et Cagnat, *Musée de Timgad*, pl. ii, fig. 2 et 3.

(4) Qui était relié par un tenon au haut de la cuisse droite.

(5) Nez brisé, lèvres et menton endommagés.

(6) Même type que les statues reproduites *supra*, fig. 1, et *infra*, fig. 11.

(7) Plus grande que nature. Hauteur de ce qui reste 1ᵐ50. La tête n'était pas voilée. Exécution correcte (IIᵉ siècle). Le derrière n'est pas travaillé.

l'une, on n'a recueilli que les pieds, nus : je ne saurais dire s'ils ont appartenu à un jeune homme ou à une femme ; auprès du pied droit, s'ouvre le conduit par lequel l'eau passait. L'autre (pl. XIII bis, fig. 2) [1] représente un enfant nu, assis, jambes croisées, sur un rocher (?), que recouvrent des pampres : un coq est posé à côté de lui. Le conduit, traversant tout le bloc de marbre, débouche au milieu d'une grappe. Il est douteux que ces figures décoratives aient eu leur place sur le forum, où l'on ne retrouve pas de vestiges de fontaines. Les statues ont peut-être subi à Madaure moins de vicissitudes que les pierres à inscriptions, qui étaient des matériaux recherchés des maçons. Il est à croire que Byzantins et Berbères ne se soucièrent nullement de les utiliser pour l'embellissement de leurs masures ; ils durent tout au plus les employer pour faire de la chaux. On a pu cependant les déplacer, nous ignorons dans quelles circonstances, apporter quelques-unes d'entre elles sur le forum, auquel elles étaient étrangères, en enlever d'autres, qui s'y trouvaient, pour les jeter ailleurs, par exemple dans les ruines du théâtre voisin.

IV

Le théâtre fut élevé dans le voisinage immédiat du forum [2]. On appliqua contre le portique occidental la partie rectiligne du nouvel édifice, ce qui forma un ensemble harmonieux, sans perte de place, et permit d'utiliser le mur postérieur du portique [3] ; de plus, on put se dispenser de construire, puisqu'elle existait déjà, la galerie-promenoir établie d'ordinaire en arrière de la scène [4]. L'hémicycle (*cavea*) fut ainsi orienté vers le Sud-Est, exposition qui ne valait pas le Nord pour préserver les spectateurs du soleil [5], mais qui n'était cependant pas trop défavorable.

Du reste, nous pouvons croire que, si l'on choisit le terrain qui s'étend au Nord-Ouest du forum, ce fut surtout parce que, ailleurs, il y avait des constructions ou des rues qui ne devaient pas être supprimées. A vrai dire, ce terrain se

---

(1) Hauteur de ce qui reste 0ᵐ38. De l'enfant, il ne subsiste que le ventre et les cuisses ; du coq, que le ventre et les pattes. Travail supportable.

(2) Comme à Timgad.

(3) V. *supra*, p. 70.

(4) Conf. *Khamissa*, p. 112.

(5) *Ibid.*, p. 99.

prêtait mal à l'usage qu'on en fit, car il s'inclinait fortement du Sud-Est au Nord-Ouest [1] : entre l'aire du forum et le dallage de l'orchestre, la différence de niveau est de 2ᵐ25. Les Grecs avaient coutume d'asseoir leurs théâtres sur des pentes, et les Romains les ont fréquemment imités : les exemples ne manquent pas en Afrique, à Dougga, Philippeville, Guelma, Khamissa, Djemila, Cherchel, etc. [2]. Mais l'hémicycle était, dans ce cas, adossé à la pente, le long de laquelle s'étageaient les gradins : d'où une grande économie de construction. Ici, au contraire, la partie convexe est tournée du côté de la déclivité [3]. Il a fallu la ceindre d'une puissante muraille et poser les gradins sur un noyau entièrement artificiel. La dépense en a été beaucoup accrue. Le théâtre de Madaure, dont la décoration n'est nullement luxueuse, a coûté presque autant que celui de Guelma, pourtant bien plus grand [4] (375.000 sesterces pour Madaure, 400.000 pour Guelma [5]).

Le nôtre est, en effet, fort exigu. Il ne mesure que 33 mètres de largeur. Notons que, pas plus qu'à Thubursicu et dans d'autres théâtres africains, les proportions n'y sont conformes aux règles édictées par Vitruve [6]. La construction, assez bonne, est en pierre calcaire. Pour la description qui suit, voir nos planches xvii (plan), xviii (coupes), ii et iii (vues).

Du mur circulaire, large de 0ᵐ70, qui soutenait la *cavea*, les assises inférieures, en gros blocs à bossages, subsistent seules ; au-dessus, passe le rempart, très grossier, qui a constitué le front Nord-Ouest de la forteresse byzantine [7]. Le mur romain était dépourvu de toute décoration.

Deux grandes baies, que les Byzantins ont bouchées [8], s'ouvrent, l'une au Nord-Ouest, au sommet de la courbe [9], l'autre au Nord ; la symétrie en eût

---

(1) Conf. *supra*, p. 57.

(2) Conf. *Khamissa*, p. 99.

(3) Cette disposition insolite, la petitesse de l'hémicycle, la construction barbare du mur dont les Byzantins l'ont couronné et qui, seul, était visible avant les fouilles, m'avaient fait contester, bien à tort, qu'il y eût là un théâtre de l'époque romaine (*Rec. de Constantine*, XXXII, 1898, p. 281, n. 3).

(4) Il a 58 mètres de largeur.

(5) *I. L. A.*, 286.

(6) Conf. *Khamissa*, p. 100.

(7) Conf. *supra*, p. 53, n. 3.

(8) M. Joly a fait déboucher celle du milieu.

(9) Large de 1ᵐ55. Elle était précédée de deux marches, de profil arrondi, dont l'inférieure seule est restée en place.

11

exigé une troisième, à l'Ouest, mais l'architecte n'en a pas jugé ainsi. Par ces portes, on pénétrait dans une galerie courbe, large de 1^m60, que bordent, d'un côté, le mur extérieur du théâtre, de l'autre, une paroi en moellons. Peut-être était-elle éclairée par des meurtrières ménagées dans le haut du mur. Le plafond devait consister en une longue suite de dalles épaisses, qui formaient aussi le sol du portique occupant la partie supérieure de la *cavea*. Les Byzantins ont comblé cette galerie avec des pierres de taille, des moellons et de la terre [1]. A chacune de ses extrémités, elle aboutissait à un couloir, qui permettait d'atteindre l'orchestre et aussi un passage précédant le premier gradin de la *cavea*. Les spectateurs qui devaient s'asseoir sur les gradins se rendaient à leur place par de petits escaliers, coupant l'hémicycle ; par là aussi, on gagnait le portique supérieur. En outre, derrière la porte du milieu, une galerie rectiligne, large de 1^m80, se dirige, par l'axe de l'édifice, vers le fond de l'orchestre et communique avec le passage qui court en avant du premier gradin. Elle est flanquée de murs en moellons et coiffée [2] de dalles jusqu'au-dessous du quatrième gradin, puis elle se poursuit à ciel ouvert (voir pl. II, fig. 2). Tels sont les accès de ce théâtre, établi d'une manière anormale, à contre-pente : l'architecte a assez habilement résolu le problème nouveau qui s'imposait à lui.

L'orchestre, dont le dallage, bien exécuté, n'a guère souffert du temps, est entouré, selon l'usage, de degrés bas et larges [3], au nombre de trois, destinés à recevoir des sièges mobiles pour les personnages de distinction. A droite et à gauche, débouchent les couloirs [4], à ciel ouvert du côté de l'orchestre, surmontés de traverses en pierres de taille du côté de la galerie circulaire qu'ils rejoignent. A l'alignement de la salle flanquant la scène et du troisième gradin de l'hémicycle, cette partie couverte est précédée d'une arcade monolithe, dont le cintre est encadré de moulures (pl. III, fig. 1 et 2). Il y avait au-dessus une loge (*tribunal*) ; on voit encore les feuillures dans lesquelles s'encastraient les parapets qui la bordaient du côté de l'orchestre et du côté de la *cavea*.

Derrière le troisième degré de l'orchestre, courait une clôture qui ne s'interrompait qu'au milieu, là où passait la galerie venant en ligne droite de la porte

---

(1) On ne l'a pas déblayée.

(2) A une hauteur de deux mètres.

(3) Hauts de 0^m21, larges de 0^m67-0^m69.

(4) Parois et dallage en pierres de taille. Pour ces couloirs, qui se retrouvent partout dans les théâtres d'Afrique, conf. *Khamissa*, p. 103.

principale. Elle était constituée, comme à l'ordinaire [1], par des dalles dressées, qui s'encastraient dans une feuillure [2] et dont de très pauvres débris sont demeurés en place [3]. Au delà, un palier (*praecinctio*), large de 0m60, qu'un petit escalier de deux marches relie à chaque couloir latéral [4], forme un passage au bas de la *cavea*. Les gradins, reposant sur un massif en blocage, mesurent 0m56 de large et 0m38 de haut. Ils étaient au nombre de huit, mais la série complète n'est conservée nulle part ; en certains endroits, il en reste quatre ou cinq. Le gradin inférieur est précédé d'un degré étroit [5], sur lequel les gens occupant ce gradin posaient les pieds, à l'abri des heurts de ceux qui se pressaient dans le palier [6]. Dans l'axe de la *cavea*, les trois premiers gradins s'interrompent là où la galerie centrale qui rejoint l'orchestre est à ciel ouvert. La partie du quatrième gradin qui forme plafond sur cette galerie était surmontée d'une grille [7], destinée à préserver d'une chute les spectateurs assis au-dessus, au cinquième gradin. Il y avait quatre escaliers [8] pour la circulation ; il ne reste plus que les marches inférieures de ceux de la moitié Sud de l'hémicycle.

Comme à Dougga, Timgad, Guelma, etc. [9], le haut de la *cavea* était entouré d'un portique, qui servait soit de promenoir, soit plutôt de poulailler, espace assez étroit [10] où le populaire s'entassait, debout ou sur des banquettes. Les colonnes étaient dressées à l'aplomb du mur en moellons, bordant la galerie circulaire qui passait sous l'édifice. A ce portique, dont aucun élément n'est en place, il faut sans doute rapporter des bases, fûts et chapiteaux, trouvés çà et

---

(1) Conf. *Khamissa*, p. 101.

(2) Large de 0m20.

(3) On a trouvé dans les ruines du théâtre, et aussi dans celles du forum, des fragments de cancels, non ajourés, épais de 0m16-0m18, qui sont décorés sur une face de cercles tangents, enfermant des rosaces ; l'autre face est lisse. Il ne semble pas qu'ils aient appartenu à la clôture dont nous parlons. En effet, ils ne sont pas courbes. Des dalles à faces planes auraient pu, à la rigueur, être encastrées dans cette feuillure, qui formait un vaste demi-cercle, mais il aurait fallu qu'elles fussent très peu larges. Les débris recueillis dans le théâtre sont assez menus. Mais un de ceux qui ont été découverts sur le forum a 1m20 de large : il est certain qu'il n'a pas pu faire partie de la clôture de l'orchestre.

(4) L'escalier du Sud subsiste seul.

(5) Largeur 0m26, hauteur 0m60.

(6) Conf. *Khamissa*, p. 102.

(7) Comme le prouvent des mortaises.

(8) Larges de 0m60.

(9) Conf. *Khamissa*, p. 102.

(10) Il était large de 1m60.

là au cours des fouilles du théâtre ; d'autres ont été employés dans les murs de la forteresse byzantine. Les bases mesurent 0m80 de hauteur ; le socle quadrangulaire, très élevé par rapport à la partie ronde, présente, sur deux de ses faces, se faisant vis-à-vis, de longues feuillures[1], dans lesquelles étaient insérées des dalles dressées, formant parapet[2]. Les fûts ont un peu plus de deux mètres. Les chapiteaux, hauts de 0m34, sont d'ordre corinthien, à feuilles non découpées (voir pl. xviii, en bas, à gauche, une reconstitution de l'ensemble de la colonne). A ces chapiteaux, il faut en joindre deux autres, de mêmes dimensions, qui coiffaient des pilastres : ceux-ci s'adossaient au mur Ouest des salles flanquant la scène. L'entablement devait être en bois, et il y a lieu d'admettre une terrasse, plutôt qu'une toiture inclinée, qui, lors des pluies torrentielles, — on sait qu'elles ne sont pas rares en Afrique, — aurait causé de véritables inondations dans la *cavea*. La hauteur totale, depuis le dallage de l'orchestre jusqu'à la crête du mur de ceinture, était d'environ 8m50.

La scène (*proscaenium*) s'étend sur une largeur de 20m25 et une profondeur de 4 mètres ; celle de Khamissa est presque cinq fois plus grande[3].

La murette, encore en bon état, qui borde l'estrade du côté de l'orchestre, s'élève à 1m02 ; elle est ornée d'un socle mouluré et d'une corniche[4] : voir pl. ii, fig. 1 ; pl. iii, fig. 1 et 2 ; pl. xviii, en bas, à droite. Dans d'autres théâtres romains, elle se décroche pour former plusieurs niches, alternativement arrondies et quadrangulaires, précédées de colonnettes[5] ; ici, il n'y en a qu'une, courbe et exiguë, au milieu. Sur la droite et sur la gauche, on a logé dans une coupe un petit escalier de trois marches[6], la troisième étant d'équerre par rapport aux deux premières, dispositif qui économisait de la place, mais devait être peu commode. Ces escaliers se retrouvent ailleurs, aussi bien en Afrique qu'en Italie et en Gaule ; ils prouvent que certaines parties du spectacle se passaient dans le centre de l'orchestre[7].

Le sol de la scène (*pulpitum*) était d'abord entièrement constitué par un

---

(1) Hautes de 0m60, larges de 0m13.

(2) Cette clôture s'interrompait évidemment au haut des escaliers.

(3) *Khamissa*, p. 106.

(4) Taillés, non à part, mais dans les pierres mêmes qui forment la murette.

(5) Conf. *Khamissa*, p. 106.

(6) Ou, si l'on veut, quatre, la quatrième étant constituée par la crête de la murette.

(7) Conf. *Khamissa*, l. c. ; Formigé, *Remarques diverses sur les théâtres romains* (extrait des *Mémoires présentés à l'Académie des Inscriptions*, XIII, 1914), p. 5 et suiv., 28 et suiv.

planchcr ; des mortaises, creusées, les unes dans la crête de la murette, les autres au sommet du soubassement du mur du fond, recevaient les bouts des poutres. Au-dessous du plancher, l'espace compris entre les deux parois restait vide, ce qui était favorable à l'acoustique. Plus tard, on combla les deux extrémités de cet espace et on établit par-dessus un dallage : au milieu, on laissa subsister une sorte de grande fosse rectangulaire [1], servant de caisse de résonnance et, naturellement, surmontée d'un plancher, avec des poutres transversales, encastrées dans les mortaises qui restaient utilisables. La longueur de la fosse répondait à six intervalles de poutres. Sur la crête de la murette, on traça grossièrement, à une basse époque [2], six grandes lettres [3], *A, B, C, D, E, F* [4], par ordre alphabétique, chacune d'elles dans un des intervalles. Le sommet de ces lettres étant tourné vers l'orchestre, elles se lisaient de la scène : c'étaient peut-être des repères pour le placement des acteurs.

Avant comme après le comblement partiel du vide existant sous l'estrade, les aménagements qui viennent d'être décrits ne permettaient pas de loger derrière la murette un rideau, que l'on aurait remonté quand on aurait voulu masquer la scène. Il est donc probable que celle-ci se fermait à l'aide de deux grands voiles, suspendus au toit du *proscaenium* et qui se tiraient, l'un à droite, l'autre à gauche [5].

Le mur postérieur du théâtre [6] est construit en moellons, avec des chaînes en pierres de taille, très rapprochées ; nous avons vu [7] qu'en bonne partie, il est plus ancien que l'édifice. Du côté de la scène, il était immédiatement précédé d'un vaste décor architectural (*scaena, frons scaenae*), avec des parties rectilignes et trois grandes niches, uniformément arrondies, comme à Khamissa [8]. Ailleurs, ces niches offrent de hautes et larges baies, qui servaient aux entrées et aux sorties des acteurs ; ici, elles sont pleines et adossées au mur postérieur. Le décor se dressait sur un soubassement, en pierres unies ou à bossages, qui monte jusqu'au niveau de l'estrade. Un socle ou stylobate (*podium*), haut de

---

(1) Remarquer qu'elle n'est pas exactement au milieu ; elle est plus rapprochée du flanc Nord que du flanc Sud de la scène.

(2) Comme le prouve la forme des lettres.

(3) Hautes de 0m11 à 0m15.

(4) *I. L. A.*, 2193. Le *D* manque, la surface de la pierre qui le portait étant usée.

(5) Conf. *Khamissa*, p. 107. Formigé, *l. c.*, p. 60.

(6) Le bas seul subsiste.

(7) P. 70.

(8) *Khamissa*, p. 109.

1^{m}25, avec plinthe et corniche [1], portait, dans ses parties rectilignes, quatre paires de colonnes, qui flanquaient les niches ; de plus, il y avait un pilastre à chaque extrémité. Quelques bases étaient demeurées en place ; elles mesurent en moyenne 0^{m}58 de côté et 0^{m}22 de hauteur. Les fûts, qui gisaient pour la plupart à proximité, ont 2^{m}35 de hauteur ; ils ne sont pas tous de même diamètre : il faut s'habituer à ces solécismes, constants à Madaure et, en général, en Afrique. Les chapiteaux, hauts de 0^{m}44, d'ordre corinthien, à feuilles non découpées, sont d'une facture correcte (reconstitution de l'ensemble de la colonne,

Fig. 9. — Corniche de la scène du théâtre.

pl. xviii, à droite). Au-dessus courait un entablement. Je n'ai pas vu de morceaux de l'architrave. De la corniche, haute de 0^{m}19, il reste quelques débris (en voir le profil fig. 9). La frise, haute de 0^{m}33, offrait aux regards des spectateurs [2] une inscription en grandes lettres, qui s'étendait tout le long du mur, aussi bien dans les niches que sur les fronts rectilignes. Les fragments qu'on a retrouvés donnent deux indications importantes : le nom du fondateur, M. Gabinius Sabinus, et le coût de l'édifice, 375.000 sesterces [3].

Sabinus voulut que le souvenir de quelques-uns de ses parents se perpétuât, comme le sien, dans ce théâtre dû à sa libéralité. Six bases, portant des dédicaces [4] à son grand-père paternel, à son père, à sa mère, à son cousin germain, à sa cousine germaine et probablement au fils de celle-ci, ont été recueillies sur l'emplacement ou aux abords de la scène. La teneur des inscriptions atteste que les statues furent exécutées par les soins de Sabinus, peut-être comme des hommages à des morts particulièrement chers : « C. Gabinio Fortunato avo » ; — « M. Gabinio Sabino patri » ; etc. Elles paraissent bien avoir été dressées sur le socle, entre les colonnes [5].

---

(1) Voir le profil de ce socle, pl. XVIII, à droite.

(2) Comme au théâtre de Dougga : *C. I. L.*, VIII, 26606.

(3) *I. L. A.*, 2121. J'ai proposé très dubitativement la restitution suivante (les doubles traits verticaux marquent les divisions du mur de la scène en sections rectilignes et en sections courbes) : « M. Gabinius Sabinus theatrum ‖ quo[d ob flamonium p(er)]‖p(etuum) [promisit, add]itis de [sua‖liberalitate (sestertium).. mil(ibus)‖ n(ummum)], ex [(sestertium)] CCCLXXV mil(ibus)‖ [n(ummum) extruxit], perfecit‖ [idemq(ue) cum suis dedicavit]. »

(4) *I. L. A.*, 2122-7.

(5) Et aux extrémités, entre le pilastre et la colonne voisine. — Les dimensions de cinq bases (1 mètre, 0^{m}86, 0^{m}80, 0^{m}80, 0^{m}79 de largeur, 0^{m}56, 0^{m}43, 0^{m}50, 0^{m}40, 0^{m}56 de hauteur)

La crête de l'entablement arrivait à 5ᵐ10 environ au-dessus du *pulpitum*, soit 6ᵐ12 au-dessus du dallage de l'orchestre. Le mur postérieur du théâtre s'élevait plus haut. Il servait, en effet, d'appui au toit du portique occidental du forum, dont les colonnes atteignaient cinq mètres ; en ajoutant l'épaisseur de l'entablement qui les surmontait et en tenant compte de l'inclinaison de la toiture qui couvrait une galerie large de 9ᵐ50, on peut calculer que le sommet de cette toiture se trouvait à 6ᵐ50, au moins [1]. Or, comme le dallage de l'orchestre avait été établi 2ᵐ35 au-dessous de celui du portique, nous obtenons, approximativement, une hauteur *minima* de 8ᵐ85 pour le mur postérieur du théâtre. On a vu [2] que le mur de ceinture arrivait à 8ᵐ50 environ au-dessus de l'orchestre. Le mur rectiligne le dépassait donc d'environ 0ᵐ35. Il n'y a pas lieu d'admettre une différence beaucoup plus grande : si l'on avait appliqué la prescription de Vitruve [3], les deux murs auraient dû être de hauteur égale [4]. D'autre part, la scène était couverte

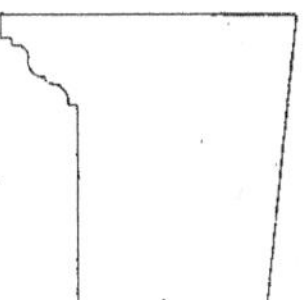

FIG. 10. — Corniche trouvée dans le théâtre.

d'un toit qui s'inclinait vers le fond : d'où une diminution de l'espace disponible au-dessus de l'entablement. Il résulte de ces observations que la colonnade dressée sur le *podium* n'était pas, comme dans des théâtres de proportions plus vastes, surmontée d'une autre série de colonnes [5] ; du reste, on n'a recueilli aucun morceau d'architecture qui indique l'existence d'un ordre supérieur. Mais peut-être y avait-il un attique, auquel auraient appartenu plusieurs pierres, pourvues d'une corniche, qui sont sorties des fouilles : voir le profil fig. 10 [6].

---

autorisent cette hypothèse. La sixième est moins large (0ᵐ45) et plus haute (0ᵐ77). Elle porte une dédicace au petit-fils de la tante de Sabinus. C'était peut-être un jeune homme, ou même un enfant. Sa statue n'aurait-elle pas été placée sur une base plus élevée que les autres, pour que la tête arrivât à peu près à la hauteur des statues voisines ? Je ne tiens pas trop à cette explication.

(1) En admettant une pente très douce pour le toit.

(2) P. 84.

(3) V, 6, 4.

(4) Ils ont pu l'être dans notre théâtre, si le portique supérieur de la *cavea* était surmonté d'un toit, non d'une terrasse.

(5) Conf. *Khamissa*, p. 110.

(6) Hauteur de cette pierre 0ᵐ38 ; largeur en bas 0ᵐ26, en haut 0ᵐ40.

La scène est flanquée de deux salles, construites en grand appareil [1] et dallées, qui communiquent avec elle. On ne pouvait pénétrer autrement dans la salle du Nord ; celle du Sud a une entrée à l'Est, presque en face de l'escalier coudé qui descend de la terrasse voisine du forum [2]. Les hautes baies cintrées qui s'ouvrent sur la scène (voir pl. III, fig. 1 et 2) sont flanquées par devant, à leur partie supérieure, d'images fort grossières. Au Nord, deux masques de théâtre (?) en relief, et, plus bas, sur des champs en bossage, deux éléphants, se faisant vis-à-vis, gravés au trait d'une manière informe. Au Sud, deux hampes, l'une [3] se terminant par un croissant, de chaque extrémité duquel pend une feuille de lierre ; l'autre [4] surmontée d'une feuille de lierre, qui est dressée et que flanquent deux tiges, retombant et se terminant par une feuille semblable. C'étaient là des emblèmes prophylactiques ; on en rencontre d'analogues sur des mosaïques et d'autres monuments africains [5]. Au-dessus de la baie, court une corniche, dont le sommet est de niveau avec le sol du portique entourant la *cavea* [6].

Ces salles devaient être des foyers pour les acteurs, des magasins d'accessoires et de décors. Peut-être étaient-elles divisées en deux étages ; on aurait atteint la salle supérieure par un escalier intérieur en bois [7].

Nous avons dit que le fond de la scène ne communiquait pas par des baies avec le dehors : l'unique entrée des acteurs et des machinistes était dans la salle Sud. Cependant il y a lieu de constater que, dans la niche du milieu, une pierre du stylobate manque entre la plinthe et la corniche [8] ; par derrière, dans le mur postérieur du théâtre, a été ménagée une petite ouverture [9], qui fut

---

(1) Sauf à l'Est de la salle septentrionale, où passe le mur, en moellons avec chaînes, qui, avant de faire partie du théâtre, a été élevé pour fermer le portique occidental du forum. Les murs Sud et Ouest de la salle méridionale ont été grossièrement refaits par les Byzantins, de même que le mur Ouest de la salle septentrionale. Le mur Nord de cette salle a été renforcé par eux, pour servir d'assiette à leur rempart.

(2) V. *supra*, p. 63.

(3) A droite. Haute de 0^m63.

(4) A gauche. Haute de 0^m74.

(5) Conf. *I. L. A.*, aux n°s 327, 328, 3493.

(6) Cette corniche n'existe plus qu'au Nord, où reste encore, au-dessus, une pierre d'une assise.

(7) La salle d'en haut aurait pu s'ouvrir sur le portique de la *cavea*, avec lequel elle aurait été de plain-pied. Mais je ne vois guère à quoi cette communication eût pu servir.

(8) Le vide est de 0^m60 en hauteur et de 0^m50 en largeur. Voir pl. II, fig. 1 ; pl. III, fig. 1.

(9) Large de 0^m80, haute d'au moins 1^m20.

bouchée plus tard, probablement par les Byzantins. Y avait-il là un étroit
passage, qui, lors des représentations, aurait été caché par un décor, et, en
temps ordinaire, fermé par une plaque mobile ? Des acteurs auraient pu s'y
introduire, lorsqu'il était nécessaire qu'ils fissent leur apparition au centre, et
non pas sur un des côtés de l'estrade. C'eût été un expédient bien misérable [1].
Peut-être s'agit-il d'un remaniement tardif.

Ce théâtre, qui devait contenir environ 1.200 spectateurs [2], date d'une
époque où l'on savait encore construire, mais non des premiers temps de la
colonie : il est, nous l'avons dit, plus récent que le premier état du forum.
Il se pourrait qu'il fût à peu près contemporain de la transformation de la place
publique. Une des statues que Gabinius Sabinus fit placer dans l'édifice était
celle de son cousin germain, M. Cornelius Fronto Gabinianus [3]. Or, nous avons
la dédicace d'une autre statue érigée à ce personnage, après son décès [4]. Il y
est qualifié « honestae memoriae viro ». Le titre *vir honestus* (*honestae
memoriae* pour les morts) ne se rencontre pas dans les textes épigraphiques
avant le début du IIIᵉ siècle ; d'autre part, l'indication de la tribu dans cette
dédicace ne permet guère de supposer que Fronto ait vécu au delà du premier
tiers du même siècle [5]. Le théâtre aurait été élevé sous la dynastie des Sévères.
Une inscription [6] nous apprend que des travaux furent exécutés sur la scène
en 399 ou 400 après Jésus-Christ : « [p]rosc(a)enio quoque theatri in novitatis
[faciem reformato (?), mu]ris minoribus sartis tectis, munitis la[teribus] ».
Ce fut peut-être alors que l'on combla partiellement le vide qui s'étendait sous
l'estrade et que l'on grava les lettres marquant des divisions dans la partie qui
garda un plancher.

Nous avons constaté dans le théâtre l'existence de six statues, celles que
Sabinus éleva à des membres de sa famille et qu'il plaça, croyons-nous, au-

---

(1) Rien n'indique qu'il y ait eu, à l'époque romaine, une chambre derrière cette ouverture.
Celle que l'on a retrouvée là a été faite par les Byzantins.

(2) Je compte approximativement 120 places sur les degrés de l'orchestre, 630 sur les
gradins, en attribuant 0ᵐ40 à chaque spectateur (conf. Formigé, *l. c.*, p. 8), 20 dans les tribunes,
400 sous le portique.

(3) *I. L. A.*, 2125.

(4) *Ibid.*, 2145.

(5) Voir le commentaire à l'inscription.

(6) *I. L. A.*, 2107.

dessus de la scène. Y en avait-il d'autres ? Cela est fort douteux, car on ne voit guère où elles auraient été dressées. Le portique qui entourait la *cavea* était étroit, assez bas et précédé d'une clôture : des statues l'auraient encombré, sans être mises en valeur.

Dans les fouilles, on a cependant recueilli des restes d'une dizaine de statues en marbre. Quelques-unes ont pu représenter des parents de Sabinus ; les autres sont venues s'échouer ici par des hasards divers ; certaines d'entre elles ont peut-être été précipitées du forum dans le creux que formait la ruine [1].

Nous n'avons pas trop de scrupules à attribuer à la série de Sabinus un Romain en toge, d'assez bonne facture, qui gisait parmi les

Fig. 12. — Fragment de statue, trouvé dans le théâtre.

décombres de la scène (fig. 11) [2] ; l'essentiel, la tête, fait défaut [3]. D'une dame, qui retenait de sa main gauche un pli de son manteau, il ne reste plus

Fig. 11. — Statue trouvée dans le théâtre.

grand'chose (fig. 12). Le travail est correct et cette statue pourrait être contemporaine de la précédente ; elle semble avoir été un peu plus grande, ce qui fait hésiter à la ranger dans la même série [4]. Une tête de femme, très fruste [5], est couverte d'un voile ; d'après ce qu'on distingue de la coiffure, c'est une

---

(1) Conf. p. 80. De nombreuses pierres portant des inscriptions, funéraires ou autres, ont été aussi découvertes dans les fouilles du théâtre. Elles avaient pu servir de matériaux aux Byzantins, qui ont refait, à leur manière, le mur de ceinture.

(2) Grandeur nature. Hauteur de ce qui reste (socle compris) 1ᵐ50. Le derrière est plat. A la droite du personnage, coffret quadrangulaire, surmonté de deux rangées de rouleaux.

(3) Ainsi que les mains.

(4) Ce n'est pas, d'ailleurs, une objection péremptoire. On peut remarquer que la base de la statue de Cornelia Gabinilla, cousine de Sabinus (*I. L. A.*, 2126), est moins haute que les autres, peut-être parce qu'elle portait une statue qu'on avait voulu ramener ainsi à la hauteur des statues voisines.

(5) Grandeur nature. Nez, bouche, menton, joue droite cassés ; yeux endommagés.

·Romaine de la fin du second siècle ou du début du troisième. Une autre tête
féminine appartient certainement à la même époque (pl. xv, fig. 2) [1] ; les
cheveux, partagés en deux grosses masses ondulées, descendent jusqu'au bas du
cou, puis vont se réunir par derrière en un large chignon plat, coiffure que l'on
retrouve dans des portraits de la femme de Septime Sévère, Julia Domna. Une
dame [2] et un homme en toge [3] sont si médiocres qu'on n'est guère disposé à les
joindre aux deux statues mentionnées en premier lieu ; il est vrai que des
œuvres de même époque, destinées même à se faire pendant, ont pu être
d'exécution fort inégale.

Deux têtes, l'une de Septime Sévère, l'autre de Caracalla, étaient des pièces
sculptées à part [4] et encastrées dans des statues, sans doute cuirassées, dont
on n'a découvert aucun débris dans le théâtre. Ces têtes proviennent vraisemblablement du forum. Celle de Sévère (pl. xv, fig. 3) [5] est dépourvue d'intérêt :
le visage manque d'expression ; les trous ronds et les sillons profonds qui
indiquent les détails de la barbe et de la chevelure sont d'un fâcheux effet,
de même que les quatre longues mèches symétriques entre lesquelles la barbe
se divise en tombant sur le cou [6]. La tête de Caracalla (pl. xv, fig. 1) [7] est,
au contraire, une bonne copie d'un portrait remarquable [8], où l'artiste a reproduit avec une audacieuse franchise les traits qui donnaient à la brute impériale
un air de férocité inquiète : front plissé, sourcils froncés, regard oblique,
lèvres serrées ; le cou s'incline légèrement à gauche : c'était, on le sait, une
attitude favorite de Caracalla, qui pensait ressembler ainsi à Alexandre.

---

(1) Grandeur nature. Nez cassé. Travail médiocre ; les oreilles sont placées trop bas. Le
derrière est seulement dégrossi.

(2) Grandeur nature. Hauteur de ce qui reste 1ᵐ40. Manquent la tête, les avant-bras (avec
les mains) et les pieds. Tunique et manteau, dont un bout pend le long du côté droit de la
poitrine et qui, traversant le corps en biais, est rejeté sur l'avant-bras gauche, replié. Derrière
plat.

(3) Il reste seulement le bas de cette statue, qui était de grandeur nature. Derrière plat.
Coffret de forme ovale auprès du pied droit.

(4) Mortaise dans la section du cou. Le derrière du crâne est seulement dégrossi.

(5) Grandeur nature. Nez endommagé.

(6) Pour d'autres portraits de Septime Sévère trouvés en Afrique, voir Gsell, *Musée de
Tébessa*, p. 42 ; de Pachtere, *Musée de Guelma*, p. 35. Tête colossale découverte à Djemila.

(7) Grandeur nature. Bout du nez cassé, lèvres endommagées.

(8) Une tête assez abîmée de Caracalla, trouvée à Khamissa et conservée au théâtre romain
de Guelma, reproduit le même original. Autre portrait de Caracalla à Philippeville : Gsell et
Bertrand, *Musée de Philippeville*, pl. ix, fig. 5.

Une statue d'enfant (pl. xv, fig. 4)[1] a retrouvé sa tête, qui, sculptée à part, avait été insérée dans le torse et s'en était ensuite détachée. Les cheveux, courts, sont rendus par des stries, les oreilles se détachent trop du crâne, les yeux sont trop gros, la physionomie est insignifiante. Le costume consiste en une tunique qui s'arrête aux cuisses[2] et en un manteau, jeté sur les épaules et ramené par la main gauche vers le haut de la poitrine. La main droite tient un objet allongé, en majeure partie brisé, qui n'est pas un rouleau, autant qu'il semble[3]. Mais deux rangées de rouleaux surmontent un coffret quadrangulaire, servant d'accessoire. Cette œuvre, fort médiocre, paraît dater du début du Bas-Empire. On s'est empressé d'y reconnaître le jeune Augustin, représenté à l'âge où il faisait ses études à Madaure et pourvu, comme il convenait, de ses instruments de travail. Enfin, une statue plus petite que nature, sans tête[4], nous montre un homme, vêtu d'une tunique, descendant jusqu'aux genoux, et d'un manteau, rejeté sur l'épaule gauche et retenu sur la poitrine par la main droite. La main gauche, qui devait tenir quelque objet, a été brisée. Le travail est fort mauvais ; les plis des étoffes sont indiqués par de profonds sillons, qui ressemblent à des chenilles.

---

(1) Grandeur nature. Hauteur de ce qui reste 0^{m}82. Le nez est cassé et la bouche endommagée. Le derrière est seulement dégrossi.

(2) Sur la cuisse droite, on voit un bout d'étoffe qui a dû appartenir à un autre vêtement, passé sous la tunique.

(3) Cet objet était relié à la cuisse par un tenon.

(4) Manquent aussi la main gauche, les jambes et les pieds.

CHAPITRE III

Les Thermes

I

Au Nord de la ville et à proximité de la grande voie montante, deux édifices balnéaires se dressent tout près l'un de l'autre, sans former pourtant un ensemble symétrique, car ils ne sont pas orientés de la même manière. Ils tiennent un rang fort honorable parmi les thermes de l'Afrique romaine, quoiqu'ils n'aient pas l'ampleur et la belle ordonnance de ceux dont on admire les restes imposants à Cherchel [1], à Djemila [2], à Timgad [3].

Avant les fouilles, ils dépassaient çà et là le niveau du sol [4]; cependant ils étaient enterrés de trois, quatre mètres et même davantage. Dégagés maintenant, les murs s'élèvent à une assez belle hauteur; de grandes arcades se courbent, intactes; bon nombre de baies ont conservé leur linteau, surmonté d'un arc de décharge. Il conviendra d'entretenir ces ruines avec soin et surtout de supprimer les réfections hâtives et les toitures qu'on a infligées à deux salles des grands thermes, pour les convertir provisoirement en magasins. Il est permis aussi de souhaiter certains aménagements qui atténueraient l'effet un peu choquant produit par le voisinage immédiat des bâtiments neufs de l'agence.

La construction est soignée. Les murs sont en moellons, solidement cimentés; les angles de ces murs, les cadres des portes, des fenêtres [5], des

---

(1) Thermes de l'Ouest.

(2) Grands thermes du Sud.

(3) Grands thermes du Nord.

(4) Vues de ces ruines *apud* Chabassière, *Rec. de Constantine*, X, 1866, pl. VII, fig. 3 (dessin peu exact), et *apud* Robert, *ibid.*, XXXIII, 1899, pl. à la p. 258.

(5) Les linteaux des baies sont, soit monolithes, soit formés de trois pierres à joints obliques. Dans les deux cas, le linteau peut être simple, double ou triple, selon l'épaisseur du mur auquel il appartient. Au-dessus, la lunette qu'enferme l'arc de décharge en pierres de taille est remplie en blocage.

niches, les arcs de tête des berceaux sont en pierres de taille. Toutes les salles étaient voûtées, soit en berceau, soit en arête [1].

Les grands thermes mesurent 39 mètres de l'Ouest-Sud-Ouest à l'Est-Nord-Est, 41 du Nord-Nord-Ouest au Sud-Sud-Est (pour abréger, je dirai désormais Ouest, Est, Nord et Sud). Voir le plan, pl. xix [2] ; je l'ai fait reproduire ici (fig. 13), à une plus petite échelle, en y ajoutant des lettres qui permettront une description plus rapide et plus claire. Des coupes sont données à la pl. xxi, des vues aux pl. iv, v, vi et vii (fig. 1).

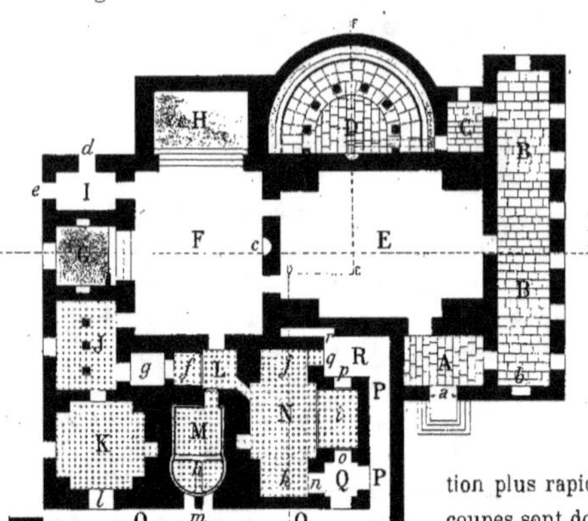

Fig. 13. — Plan des grands thermes.

L'entrée principale se trouve dans un recoin, au Sud-Ouest, en a, à 24 mètres de la rue montante. Par devant, il y avait sans doute une petite cour, à un niveau plus élevé et d'où l'on descendait vers la porte par un escalier de trois marches, à trois côtés, disposés d'équerre. Cette cour était naturellement en communication avec la rue. Certains vestiges, aujourd'hui disparus [3], autoriseraient à supposer que celle-ci était bordée d'un portique, sur une longueur d'environ 35 mètres, depuis la grande citerne voisine des thermes au Nord-Ouest, jusqu'à une faible distance d'un sanctuaire de Mercure [4]. Cela étant admis, le front de ce portique était-il du côté de la rue ou du côté opposé ? L'état des ruines ne

---

(1) En cul-de-four sur les absides.

(2) Un plan des grands thermes, levé par M. Joly, a été publié par M. Schulten, dans *Archaeol. Anzeiger*, 1911, fig. à la p. 275.

(3) Ils ne figurent pas sur notre plan, pl. XIX. Indications sommaires sur le plan général de la ville, pl. XVI. Conf. Ballu, *Bull. archéol. du Comité*, 1916, p. 179.

(4) Pour ce sanctuaire, conf. *supra*, p. 41.

permettait pas d'en juger. Au delà, se serait étendu, jusqu'aux thermes, un espace à ciel ouvert, où l'on aurait pu se promener et se livrer à des exercices corporels, et qui se serait prolongé, au Sud-Est, par la cour précédant l'entrée. De la rue, on aurait atteint l'aire et la cour par un porche, établi entre l'extrémité méridionale du portique et le sanctuaire. Nous ne pouvons présenter à cet égard que des hypothèses, car un chaos de constructions parasites, élevées à une très basse époque [1], empêchait de bien discerner l'ordonnance adoptée par les Romains ; maintenant, tout est remplacé par les salles, remises et écuries de l'agence.

La baie a [2], dont le seuil offre des mortaises pour recevoir les gonds des vantaux de la porte, s'ouvre sur un vestibule dallé, A, donnant accès, à l'Est, à la grande salle E, et, au Sud, à une galerie, B, également dallée, longue de 24 mètres. Celle-ci était éclairée au Midi par six fenêtres, placées haut [3], à l'Est par une septième, semblable. Dans le mur de l'Ouest, se creuse une niche, b, qui paraît avoir contenu un placard [4]. La galerie communique avec la salle E et, vers son extrémité orientale, avec une petite pièce dallée, C, qu'éclairait une fenêtre et qui était le vestibule des lieux d'aisances. Les deux portes de C n'étaient pas dans le même axe [5] : les indiscrets ne pouvaient donc pas voir, du fond de la galerie, ce qui se passait dans les latrines.

On pénétrait ainsi, — quand on en avait de justes motifs, — dans un hémicycle dallé, D. La partie centrale formait une cour exiguë, qu'ornait une statue, dressée dans une niche, au milieu du mur rectiligne bordant l'hémicycle à l'Ouest et le séparant de la salle E [6]. Sauf de ce côté, la cour était entourée d'un portique circulaire. Six colonnes et deux pilastres soutenaient la toiture. La plupart des bases sont encore en place [7], des fragments de deux fûts gisent sur le sol, mais aucun chapiteau n'a été retrouvé. Au fond du portique, en

---

(1) De nombreuses pierres tombales y ont été employées. Une porte basse était ornée de croix monogrammatiques sur le linteau et sur un des montants. Ballu, *l. c.*, 1913, p. 152. *I. L. A.*, 2814 bis, n° IV.

(2) Large de 2 mètres, haute de 3m50.

(3) A 2m20 du sol. Elles sont larges de 1m10 et hautes de 1m60.

(4) Elle descend jusqu'au sol : ce n'est donc pas une niche de statue.

(5) Disposition analogue à Pompéi : Thédenat, *Pompéi, Vie publique*, p. 60-61.

(6) Avec laquelle les latrines, qui devaient rester à l'écart, ne communiquaient pas directement.

(7) Elles ont 0m58 de côté et 0m27 de hauteur.

avant des fondations du mur courbe, s'allonge une fosse étroite [1] et profonde, que précède une bordure en dalles plates [2]. Sur leur face supérieure, ces dalles présentent, du côté de la fosse, une légère feuillure, dans laquelle s'encastraient d'autres dalles, dressées verticalement. Dans le mur, au-dessus de la fosse, étaient enfoncés, de distance en distance, des corbeaux en pierre [3]. Corbeaux et dalles verticales servaient d'appuis à des tables, percées des trous nécessaires à ceux qui venaient s'asseoir en ce lieu [4]. Les dalles sur lesquelles les pieds se posaient sont munies, par devant, d'un caniveau, destiné à recueillir et à transmettre à la fosse les matières liquides qui s'égaraient en dehors des trous [5]. Les places pouvaient être au nombre d'une vingtaine. Comme d'usage, les visiteurs siégeaient côte à côte ; les conversations y aidant, ils devaient sans déplaisir passer quelques instants dans ce local bien aéré [6], d'un aménagement confortable et d'une décoration élégante. Naturellement, il y avait dans la fosse une circulation d'eau. Cette eau arrivait de deux côtés : de l'angle Nord-Ouest de l'hémicycle, par un conduit venant de la piscine H du *frigidarium* ; de l'Ouest, par un autre canal, qui réunissait, dans le sous-sol du *frigidarium*, les égouts de la seconde piscine froide, G, et des baignoires de la partie chauffée des thermes ; il franchissait les fondations du mur rectiligne des latrines au-dessous de la statue, longeait ensuite ce mur dans la direction du Sud et, à l'angle Sud-Ouest de l'hémicycle, rejoignait la fosse. Sur celle-ci, au Nord-Est, s'embranchait un égout collecteur, qui servait de décharge générale aux eaux de l'établissement.

On connaît, dans des thermes africains, d'autres latrines de forme semi-circulaire [7] ; à Thuburbo Majus, dans les thermes d'été, le local est disposé

---

(1) Large de 0m42.

(2) Large de 0m75.

(3) Les extrémités de trois de ces pierres sont restées dans les mortaises où elles étaient insérées. Peut-être étaient-ce, non des corbeaux, mais des sortes de poutrelles, qui rejoignaient les dalles verticales et s'y emboîtaient.

(4) Une de ces tables gît dans la cour. — Dans les latrines romaines découvertes en Afrique, il y a tantôt des sièges, comme ici (par exemple à Timgad, lieux d'aisances près du forum), tantôt de simples trous, qui nécessitaient une posture accroupie (p. ex. à Timgad, dans les grands thermes et dans les thermes du Sud).

(5) Conf. *Khamissa*, p. 76.

(6) Trop aéré même pour la saison d'hiver. Mais nous verrons que nos thermes étaient sans doute des thermes d'été.

(7) A Khamissa : *Bull. archéol. du Comité*, 1919, plan à la p. 59. A Lambèse et à Timgad : Gsell, *Mon. antiques*, I, p. 220 et 222. Conf. *Khamissa*, p. 76.

exactement sur le même plan qu'ici, avec une cour entourée d'un portique [1].

Revenons à la galerie B pour entrer dans E, salle de promenade et peut-être d'exercices, qui mesure 16 mètres sur 11ᵐ30 (voir pl. v, fig. 1 ; pl. vii, fig. 1). Elle était voûtée en arête, avec des berceaux latéraux [2], et pavée d'une mosaïque à fond blanc, à motifs ornementaux noirs, très simples (des combinaisons de peltes) ; de ce tapis de marbre, il ne reste que quelques débris.

Deux baies permettent d'accéder au *frigidarium*, F, long de 12ᵐ50, large de 10 mètres, que couvrait une voûte en berceau, jetée du Nord au Sud [3]. La mosaïque de pavement est détruite, sauf quelques cubes blancs et noirs. En *c*, entre les baies, une niche courbe abritait une statue (voir pl. vi, fig. 1, au fond [4]).

Les piscines G et H, l'une au Nord, l'autre, plus grande, à l'Est, sont profondes de 1ᵐ20 et pavées d'une mosaïque à gros cubes blancs ; on y descend par deux marches, après avoir enjambé un rebord. G a des niches latérales (de plan rectangulaire) pour des statues, et, au Nord, une grande fenêtre [5], dont le bord inférieur est à 1ᵐ60 du fond du bassin. L'arc de tête du berceau qui surmontait cette piscine est demeuré en place et s'élève à une hauteur d'environ six mètres (pl. v, fig. 1, au fond ; pl. vi, fig. 1 ; à la pl. iv, fig. 1 et 2, cet arc est vu de l'extérieur). Celui de la piscine H s'est effondré, ainsi que le mur postérieur [6], percé probablement d'une, ou plutôt de deux fenêtres, qu'une niche aurait séparées. En effet, au-dessus du milieu du bassin et à 1ᵐ43 du fond, subsiste un escalier minuscule en marbre, de trois marches, qui a pu occuper le bas d'une niche, contenant une statue, et par lequel l'eau arrivait sans doute [7].

Du dehors, on pouvait entrer dans le *frigidarium* sans passer par le vestibule A et par la salle E. A droite de la piscine G et à l'angle Nord-Est de l'édifice, le vestibule I a sur l'extérieur deux portes étroites, *d* et *e* [8] (pl. iv, fig. 1, et,

---

(1) Merlin, *Bull. du Comité*, 1916, p. cxl.

(2) Comme l'attestent les saillies qui occupent les angles.

(3) L'hypothèse d'une toiture ne serait pas absolument inadmissible, mais elle est peu vraisemblable, eu égard à l'épaisseur des murs.

(4) Dans là légende, au lieu de « piscine occidentale », lire « piscine septentrionale ».

(5) Large de 2 mètres.

(6) Il était en moellons avec chaînes en pierres de taille. On en a refait le bas.

(7) Pour l'évacuation de l'eau des piscines, *v. supra*, p. 96.

(8) Elles ont 1ᵐ20, 1ᵐ25 de large et 2 mètres de haut. Le linteau de *e* était surmonté d'une fenêtre, qui fut ensuite bouchée.

13

pour *e*, *ibid.*, fig. 2, à gauche), dont l'une ne paraît pas plus récente que l'autre : je ne vois guère pourquoi une seule n'a pas suffi. L'ouverture de *d* a été bouchée, mais à une basse époque, car le remplissage est fort grossier.

De l'autre côté de la piscine G, une baie relie le *frigidarium* à la salle J, qu'une grande fenêtre éclairait au Nord (pl. IV, fig. 1 et 2, sur la droite). Le long des parois, au niveau du pavement de F, sont encore attachés de très maigres vestiges d'un lit de mortier ; au-dessous, je n'ai pas constaté d'hypocaustes, mais, lors des fouilles, M. Joly a vu quelques débris des piles de briques, dressées dans le sous-sol, entre lesquelles l'air chaud circulait[1]. Cet air venait d'assez loin, du fourneau *l*, établi en arrière de K : la température était donc modérée.

Elle était plus élevée dans la grande salle K[2] qui, faisant suite à J, pouvait être chauffée directement par le même fourneau. Les piles du sous-sol, en partie conservées, atteignaient environ 0^m80 de hauteur[3] et soutenaient un épais lit de mortier, formant un sol (*suspensura*) et peut-être revêtu d'une mosaïque, dont il ne resterait plus rien. Cette salle, que couvrait une voûte d'arête, était éclairée par deux fenêtres, l'une au Nord, l'autre à l'Ouest, au-dessus du fourneau[4] (pl. VI, fig. 2[5]). On y venait transpirer[6], mais on n'y prenait pas de bains[7] ; peut-être contenait-elle une vasque, servant à des ablutions.

Dans l'ordonnance primitive de nos thermes, K communiquait avec M par une baie, en face de laquelle s'ouvrait une autre baie, entre le *caldarium* N et cette salle M, qui n'avait pas d'entrée à l'Est, du côté du *frigidarium*. Munie d'un fourneau particulier (en *m*) et d'hypo-

---

(1) Aussi le plan de M. Joly (pl. XIX) indique-t-il des hypocaustes en J. Ce sous-sol fut, du reste, remblayé, soit par l'accumulation des décombres, soit intentionnellement. Par-dessus, en plein milieu de la salle, des piliers massifs furent dressés, au temps des Byzantins ou plus tard : v. *infra*, p. 111.

(2) Presque carrée : 7^m10 sur 6^m70.

(3) Hauteur supérieure à celle que recommande Vitruve (V, 10, 2) : deux pieds (0^m59). Palladius (1, 39[40],2) indique deux pieds et demi.

(4) Elle fut plus tard rétrécie et transformée en porte : v. *infra*, p. 111.

(5) Où, dans la légende, il faut lire : « Salle à l'angle Nord-Ouest des thermes ; vue prise vers l'Ouest ».

(6) La salle ne put servir à autre chose quand elle cessa de constituer un passage — et une transition — entre la salle J, légèrement chauffée, et l'étuve M.

(7) Le fourneau *l* n'était pas accompagné d'une chaudière, qui aurait fourni l'eau nécessaire à l'alimentation d'une baignoire.

caustes[1], coiffée d'un berceau (probablement assez bas), s'arrondissant au fond en une abside [2] que surmontait un cul-de-four, — aménagement favorable à la conservation de la chaleur, — M était une étuve (*laconicum*), à température très élevée, entre K, salle tiède, et N, où se prenaient les bains chauds. Plus tard, sans doute sous le Bas-Empire, elle fut transformée en salle de bains. On obstrua alors les baies qui la reliaient à K et à N ; en revanche, on en perça une dans le gros mur qui la séparait de L.

Auparavant, cette petite salle L, pourvue d'hypocaustes, servait seulement de passage aux gens qui, sortant du *caldarium* par un couloir oblique, se rendaient dans le *frigidarium* [3]. Désormais, elle unit le *frigidarium* et la salle M. La porte nouvelle est basse, étroite [4] et de fort mauvaise construction ; elle pouvait être fermée [5].

L se prolonge au Nord par un espace carré, *f*, dont le sol, monté sur des hypocaustes et orné d'une mosaïque [6], est légèrement plus élevé. Entre *f* et J, deux grandes baies [7], qui ne descendent pas jusqu'en bas [8], s'ouvrent sur une sorte de cage, *g*, dont j'ignore la destination [9].

Dans son premier état, M était large de plus de six mètres. Peut-être, quand on se décida à remanier cette salle, le berceau s'était-il écroulé ou menaçait-il ruine. En tout cas, la nouvelle voûte fut plus modeste, la largeur de la salle ayant été réduite à 4ᵐ50 par la construction, en avant

---

(1) On ne reconnaît pas si le lit de mortier portait une mosaïque.

(2) Il y a là une fenêtre, large de 2ᵐ70, haute de 2ᵐ60, qui ne semble pas avoir été percée tardivement. On pense bien qu'elle restait hermétiquement close quand la salle était occupée par des gens désireux de suer abondamment ; à moins qu'en temps de canicule, le plein soleil et le siroco ne fussent admis à collaborer à ce résultat.

(3) Entre F et L, le linteau de la baie est surmonté d'un arc de décharge presque ogival.

(4) Elle mesure 1ᵐ80 de haut et 1 mètre de large.

(5) Mortaises pour des gonds dans le seuil et dans le linteau.

(6) Presque entièrement détruite.

(7) Celle qui s'ouvre du côté de *f* mesure 2ᵐ04 de haut et 1ᵐ56 de large ; elle est surmontée d'une fenêtre. L'autre baie a 1ᵐ95 de haut et 1ᵐ54 de large.

(8) L'une s'arrête à 0ᵐ80 du sol de *f*, l'autre à environ 1 mètre du sol de J.

(9) On n'y a pas trouvé d'hypocaustes. Il n'est guère vraisemblable qu'il y ait eu là une baignoire, qui, établie entre deux salles chauffées, ne l'aurait pas été elle-même et qui, bordée du côté de ces salles par des murs hauts de 0ᵐ80 et 1 mètre, n'aurait pas été d'un accès facile. Les parois n'offrent pas de traces d'enduit hydraulique. Dans le sous-sol, passe un égout, qui va rejoindre dans le *frigidarium* celui par lequel la piscine G s'évacuait (v. *supra*, p. 96).

des murs primitifs, de deux murs entièrement pleins [1] : ainsi furent obstruées, sans être bouchées par un remplissage, les deux baies qui reliaient M à K et à N. Dans l'abside, on installa deux baignoires [2], bordées sur le devant et séparées entre elles par des murettes en briques ; elles eurent la forme d'un quart de cercle, ce qui n'était pas heureux, mais, en ce temps, on faisait comme on pouvait. En arrière, deux fourneaux, un par baignoire, remplacèrent le fourneau unique ; la chaudière dut être mise dans l'intervalle.

Cette salle n'était pas seulement chauffée au moyen d'hypocaustes. Devant les parois [3], se dressaient, alignés sur plusieurs étages, des tubes en terre cuite, à section rectangulaire. Sur leurs faces latérales, ils étaient percés de trous, se répondant de tube en tube [4]. L'air chaud circulait par ces tuyaux, dont la rangée inférieure communiquait avec le sous-sol [5].

Dans le *caldarium* N, les hypocaustes ont disparu et nous ne saurions dire si le lit de mortier soutenu par les piles de briques était revêtu d'un pavement en mosaïque. La salle est flanquée, au Sud, à l'Est et à l'Ouest, de trois espaces rectangulaires, *i*, *j*, *k*, dont les murs ne présentent pas de traces d'enduit hydraulique ; comme il y avait assurément là des baignoires (*alvei*), on peut se demander si elles n'étaient pas constituées par des caisses en métal. Au-dessus de *k*, une fenêtre mesure 2^{m}60 de largeur [6] ; une autre devait surmonter la baignoire *i*.

A l'angle Nord-Ouest de l'édifice, un passage étroit donne accès à la galerie de chauffe O,O, qui s'étend sur une longueur de plus de 27 mètres, en contre-

---

(1) En assises alternatives de moellons et de briques, qui sont coupées par des chaînes verticales en pierres de taille. On y a employé une pierre sur laquelle est sculptée au milieu une grande R, accompagnée en haut et en bas d'une rosace et entourée de stries formant des motifs symétriques.

(2) Ce qui restait de ces baignoires lors des fouilles a disparu. De même, le rideau de tubes qui précédait les parois.

(3) Les anciennes comme les nouvelles. Nous ignorons si cet aménagement datait entièrement de la réfection de la salle, ou si l'on se contenta de munir les parois nouvelles d'un appareil de chauffage qui existait déjà ailleurs.

(4) Conf., par exemple, J. Durm, *Die Baukunst der Etrusker und Rœmer*, 2° édit., p. 358, fig. 395.

(5) A 1^{m}40 au-dessus du sol de la salle, de petits corbeaux en pierre sont enfoncés dans les murs latéraux, au nombre de quatre pour chaque mur. Ils devaient assurer la solidité du rideau formé par les tubes.

(6) Il n'en reste que le bas.

bas des salles K, M et N, puis, faisant un coude à angle droit, passe au Sud de
N (galerie P, longue de 15 mètres). Le plafond, formé de traverses en pierres
de taille, à une hauteur moyenne de deux mètres, s'est conservé presque partout ; il est, non pas horizontal, mais légèrement en pente (à partir des murs des
thermes), sans doute pour faciliter l'écoulement des eaux de pluie.

Nous avons mentionné les fourneaux l et m, qui chauffaient les salles K et
M. On devine seulement leur emplacement. De même, pour ceux du *caldarium*, qui étaient certainement accompagnés de chaudières. Il y en avait un en
n, contre la baignoire k ; un autre, à côté, en o, contre la baignoire i ; un troisième, en q, contre la baignoire j ; peut-être un quatrième, en p [1]. On y accédait par deux chambres souterraines, Q et R, donnant sur la galerie O-P.
L'espace r, sorte d'annexe de R, est un boyau, large seulement de 0ᵐ73, ménagé
entre des murs épais et couvert de dalles à 2ᵐ45 environ du sol : faut-il y voir
un petit magasin, qui aurait contenu, par exemple, une réserve de charbon de
bois ? R était probablement surmontée d'une autre salle de service, que l'on
aurait atteinte par le plafond de la galerie P : au Sud de p, au-dessus de l'extrémité de cette galerie, reste debout une porte, dont le linteau est encore coiffé de
son arc de décharge (voir pl. v, fig. 2, à droite). Une salle semblable a pu exister
au-dessus de Q.

L'eau nécessaire aux bains devait être fournie, au moins en partie, par la
conduite passant sous la grande rue [2]. On n'avait évidemment pas négligé
d'utiliser les pluies qui tombaient sur la surface des thermes. Il est probable
qu'elles étaient amenées dans une vaste citerne, qui se trouve au Nord-Ouest,
devant l'entrée de la galerie de chauffe [3]. Une autre grande citerne, située au
Sud-Ouest, derrière le sanctuaire de Mercure [4], a pu servir aussi à l'alimentation des piscines et baignoires. Elle a été construite après les thermes, car un
de ses angles vient s'appliquer contre un des angles de la galerie B.

---

(1) Dans ce cas, la baignoire i, qui était plus large que les deux autres, aurait été flanquée
de deux fourneaux.

(2) V. *supra*, p. 21.

(3) En blocage. Dimensions extérieures 17 mètres sur 7. Les angles intérieurs sont arrondis.

(4) Non figurée sur le plan de la pl. XIX. Voir le plan de la villa, pl. XVI. Rectangulaire, elle
mesure intérieurement 14ᵐ80 sur 4 mètres. Peut-être était-elle remplie par la conduite passant
sous la rue.

II

Les petits thermes sont à 15-25 mètres au Nord-Ouest des grands. Ils mesurent 30^{m}20 du Nord-Est au Sud-Ouest, et 33^{m}80 du Nord-Ouest au Sud-Est (je dirai, pour abréger, Nord, Sud, Ouest et Est). Voir le plan, pl. xx, fig. 2 (reproduit ici, fig. 14, avec des lettres) ; des coupes, pl. xxi ; des vues, pl. vii, fig. 2, et pl. viii, fig. 1 et 2.

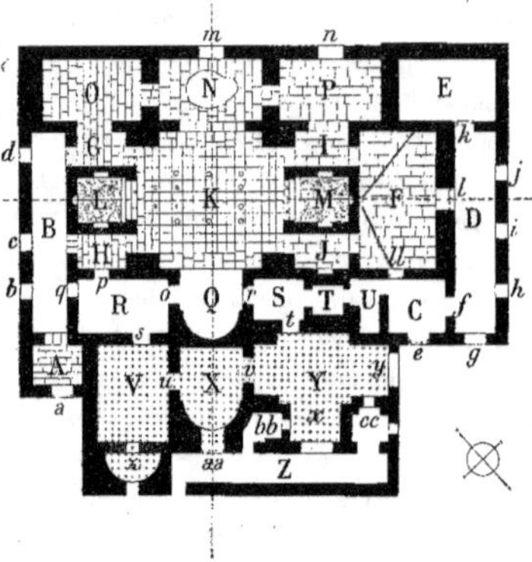

Fig. 14. — Plan des petits thermes.

Il y a deux entrées, aux extrémités de la face Sud, dans des recoins entre lesquels les salles chaudes font saillie. Après avoir franchi l'entrée Sud-Ouest, a [1], on se trouve dans un petit vestibule, A, qui a conservé son dallage. On passe ensuite dans la galerie B, éclairée par trois fenêtres, b, c, d, dont le bas arrive à 1^{m}20 du sol. De là, on peut aller dans le *frigidarium* K par deux passages dallés, G et H, flanquant la piscine L.

L'entrée Sud-Est, e [2], s'ouvre aussi sur un vestibule, C, d'où l'on passe à droite, par la baie f, dans une autre galerie, D. Celle-ci avait un dallage, dont il ne reste plus que des débris. Elle était éclairée par quatre fenêtres, à 1^{m}30 du sol, l'une au Sud (g), les trois autres à l'Est (h, i, j, hautes de 1^{m}20 seulement). Au fond de D, à l'angle Nord-Est de l'édifice, une porte k, étroite et basse [3], conduit à la salle E, qui paraît avoir été faiblement éclairée (les fenêtres étaient, en tout cas, placées haut, car les murs, encore debout sur une hauteur de 2^{m}50-3 mètres, ne sont percés d'aucune ouverture) : c'était peut-être un magasin.

---

(1) Dans le seuil, mortaises pour les gonds de la porte.

(2) Mortaises dans le seuil, comme en a.

(3) Large de 1 mètre, haute de 1^{m}65. Mortaises de fermeture.

A l'Ouest, D donne accès, par la porte *l* [1], à une grande salle rectangulaire dallée, F, qui communique aussi, par la porte *ll*, avec le vestibule C. Elle répond à la salle E des grands thermes et a dû être un promenoir. Elle est reliée au *frigidarium* par les passages I et J, flanquant la piscine M et reproduisant l'ordonnance de G et de H. Dans le mur Sud de J, une niche abritait une statue.

Le *frigidarium*, K, qui est également dallé, mesure 10^{m}20 de l'Ouest à l'Est, 9^{m}30 du Nord au Sud (voir pl. VII, fig. 2 ; pl. VIII, fig. 1 et 2). Une voûte d'arête, flanquée de berceaux, le couvrait ; l'ossature était constituée par des séries de tubes en terre cuite, insérés les uns dans les autres [2], procédé très usité en Afrique [3]. A l'Ouest (pl. VIII, fig. 1) comme à l'Est (pl. VII, fig. 2, et pl. VIII, fig. 2), se trouve une piscine rectangulaire (L et M), dans laquelle on descend par deux marches, établies derrière un rebord [4] ; les parois ont des niches [5] pour trois statues ; la voûte, en berceau, s'est effondrée, mais, en avant de M, l'arc de tête a résisté et s'élève à plus de quatre mètres au-dessus du sol du *frigidarium* [6].

Au milieu de cette salle, dans le dallage, ont été creusés dix trous (voir pl. VIII, fig. 1), les uns ronds, les autres carrés, dont l'ensemble dessine un rectangle de 4^{m}50 sur 3^{m}50 ; en avant, à l'Ouest, deux autres trous carrés. Il y avait là, probablement, un enclos, précédé d'un court passage. Il doit être de basse époque ; j'ignore à quoi il a pu servir [7].

Au Nord, une salle dallée, N, s'ouvre sur K par une très large baie, que surmontait une arcade. Elle communique, à gauche et à droite, avec des salles semblables, O et P, reliées par des baies aux passages G et I. Ces trois salles ont pu être consacrées aux exercices corporels, ou simplement aux bavardages

---

(1) Mortaises de fermeture. De même en *ll*.

(2) J'en avais déjà recueilli en 1891, lors d'un sondage fait en ce lieu *(Recherches archéol. en Algérie,* p. 412). M. Joly en a retrouvé beaucoup dans ses fouilles.

(3) Voir *Announa,* p. 98. Conf. Palladius, 1, 39 [40], 4 : « Camerae in balneis signinae fortiores sunt ; quae vero de tubulis fiunt, virgis ferreis transversis et ferreis arcubus sustinentur. »

(4) Qui a des mortaises pour l'insertion d'une grille. On ne voit pas trop pourquoi les piscines pouvaient être ainsi fermées.

(5) Une de forme arrondie, au fond ; deux autres sur plan rectangulaire, à droite et à gauche.

(6) De l'arc de L, il ne reste que les sommiers.

(7) On pourrait penser à une aire pour des pugilistes. Mais l'endroit eût été bien mal choisi et il faudrait admettre que la clôture était mobile, qu'on la mettait en place seulement lors des combats. Cette hypothèse serait contredite par la profondeur et la largeur des trous qui, vides, eussent été des nids à entorses.

des flâneurs. Elles étaient éclairées par de spacieuses fenêtres, descendant à deux mètres du sol (*m* pour N, *n* pour P ; le mur Nord de O ne s'est pas conservé jusqu'à la hauteur de la fenêtre dont cette salle était certainement pourvue, comme N et P).

De l'autre côté, le *frigidarium* se prolonge par une abside, Q [1], pavée jadis d'une mosaïque, dont quelques cubes, blancs, noirs, rouges et jaunes, sont demeurés en place, le long du mur. A l'Est, cette abside communique avec le vestibule C par une série de trois chambres, petites et basses, voûtées en berceau [2], S [3], T et U (celle-ci était peut-être un vestiaire). Des bribes d'une mosaïque blanche subsistent en S et entre S et T. La baie *r*, entre S et Q, pouvait se fermer [4]. A l'Ouest, la baie *o* conduit de l'abside à la salle R, qui a une autre entrée, *p*, sur le passage H, et une fenêtre, *q*, sur la galerie B. Donnant accès aux parties chauffées de l'édifice, R répond à la salle J des grands thermes, qui, d'après le témoignage de M. Joly, était pourvue d'hypocaustes. Ici, M. Joly n'en a pas retrouvé [5] et, actuellement, il est impossible de faire des constatations à cet égard.

Par la baie *s*, on passe dans la salle V. Comme les deux suivantes, X et Y, elle avait un sous-sol, garni de piles de briques, qui soutenaient un lit de mortier [6]. Ces trois salles sont reliées entre elles par des baies, *u* et *v*, et, de la dernière, on sort par une autre baie, *t*, ouverte sur S.

Primitivement, V se terminait au Sud par une abside, qui contenait peut-être une vasque pour les ablutions ; par derrière, en contre-bas, il y avait un fourneau. Plus tard, l'hémicycle, sans doute en mauvais état [7], fut sacrifié. On en barra l'ouverture par un mur en pierres de taille, où trouva place un morceau d'une dédicace à Septime Sévère [8] ; par-dessous, fut établi un fourneau, qui remplaça l'ancien et devant lequel on installa une petite chambre de chauffe, close par les fondations de l'abside et

---

(1) L'arc de tête, dont les voussoirs inférieurs sont encore en place (voir pl. VII, fig. 2, sur la droite), devait s'élever à plus de quatre mètres.

(2) Une amorce de la voûte subsiste au-dessus de T.

(3) Il n'est pas impossible que S ait eu des hypocaustes. Cela ne se distingue plus.

(4) Mortaises dans le seuil.

(5) Il n'en indique pas sur son plan.

(6) Les piles et les *suspensurae* qu'elles portaient sont aujourd'hui presque entièrement détruites. Peut-être y avait-il de la mosaïque sur le mortier.

(7) Le cul-de-four avait pu se lézarder ou s'effondrer.

(8) *I. L. A.*, 2085.

celles du nouveau mur, coiffée, à une hauteur d'environ 2ᵐ30, d'un plafond
en dalles [1] et s'ouvrant là où était l'ancien fourneau.

La salle X est une étuve, répondant à la salle M des grands thermes.
L'abside qui la termine au Sud a une fenêtre, large de 1ᵐ75. Enfin, Y
est le *caldarium*, que couvrait une voûte d'arête, avec des berceaux sur
les côtés Ouest, Est et Sud. Deux baignoires [2] occupaient les espaces
rectangulaires *x* et *y* et étaient surmontées de fenêtres, larges de 2ᵐ40.

Le fourneau de la salle V est en dehors de la galerie qui mène aux
fourneaux de l'étuve et du *caldarium* [3]. On entre par une petite
porte [4] dans cette galerie, Z, large et haute de deux mètres, dont le
plafond [5], en partie conservé, est formé de traverses en pierres de taille.
Le fourneau de l'étuve se trouve en *aa*. Ceux du *caldarium* sont en *bb*
et en *cc*, contre les baignoires, l'un et l'autre à l'intérieur d'une chambre,
qui devait contenir une chaudière [6].

Nous ne saurions dire avec précision comment ces thermes s'alimen-
taient en eau. Il est à croire que la conduite passant sous la grande rue
était mise à contribution ; on n'a pas trouvé de citerne tout auprès de
l'édifice. A l'intérieur, le liquide circulait sans doute dans des tuyaux en
plomb, qui ont disparu, mais dont plusieurs ont pu être encastrés dans
de longues rainures, traversant le dallage des salles F et K [7]. Dans
la piscine M, l'eau débouchait par un trou percé à travers le mur du
fond, au bas de la niche, et elle s'écoulait par un autre trou, s'ouvrant à
l'angle Sud-Est. On remarquera l'absence de latrines [8],

---

(1) Légèrement inclinées vers le Sud.

(2) Peut-être en métal, car, de même que dans les grands thermes (voir p. 100), les murs
qui forment les cadres des *alvei* ne paraissent pas avoir été revêtus d'un enduit hydraulique.

(3) On a vu que le fourneau nouveau de V est précédé d'une chambre. Il se peut que le
fourneau ancien l'ait été d'une galerie, qui se serait rattachée par un double coude à la galerie Z,
passant derrière X et Y. L'installation de la chambre aurait rendu la première galerie inutile.
On l'aurait supprimée et, à l'endroit où aurait été le coude, on aurait établi une porte, servant
d'entrée à Z.

(4) Large de 0ᵐ95, haute de 1ᵐ60 environ.

(5) Il est exactement horizontal.

(6) La salle où est le fourneau *cc* a une fenêtre au Sud, au-dessus de la porte, et une lucarne
à l'Est.

(7) Celles de F sont indiquées sur le plan, celles de K ne le sont pas.

(8) A moins qu'elles n'aient été dans la salle E ; une destination nouvelle, donnée à cette
salle, aurait fait disparaître les installations spéciales qui permettraient d'y reconnaître l'emplacement des lieux d'aisances.   14

III

Comment expliquer le voisinage de ces deux beaux édifces de même destination et qui, à en juger par l'identité des procédés de construction, doivent être, sinon tout à fait contemporains, du moins de même époque ?

Il y avait dans certaines villes des bains pour chaque sexe [1]. Mais, en général, c'étaient les mêmes thermes qui servaient aux femmes comme aux hommes, avec des heures d'ouverture différentes [2]. Il n'est donc pas probable que nous soyons ici en présence de *balnea virilia* et de *balnea muliebria*.

Des textes assez nombreux, entre autres des inscriptions africaines, mentionnent des *thermae aestivae*, ou *aestivales*, et des *thermae hiemales* [3], des bains d'été et des bains d'hiver. Une inscription atteste que Madaure possédait des *thermae aestivae* [4], et cette dénomination implique l'existence au même lieu de *thermae hiemales*. Comme il ne semble pas que la ville ait eu d'autres établissements balnéaires importants [5], nous sommes disposé à identifier nos grands thermes avec les *thermae aestivae*, que cette inscription qualifie peut-être d'« ornement de la très splendide colonie » [6] ; les petits thermes seraient les *thermae hiemales* [7]. Les dimensions plus grandes des premiers se justifient par le fait que les bains étaient plus fréquentés en été [8]. Les parties chaudes des seconds sont plus exposées au midi, ce qui convenait à un

---

(1) Dessau, *Inscriptiones latinae selectae*, 5683 et 5684. Ailleurs, des thermes étaient divisés en deux parties, l'une réservée aux hommes, l'autre aux femmes.

(2) Quand les femmes, — ou plutôt certaines femmes, — ne se baignaient pas avec les hommes, ce qui était mal vu.

(3) Voir *I. L. A.*, au n° 2101. Dessau, *l. c.*, 5695-7. Merlin, *Bull. archéol. du Comité*, 1914, p. CLXXXI. Poinssot, *ibid.*, 1921, *Commission de l'Afrique du Nord*, février. — Histoire Auguste, *Gordiens*, 32, 7 ; *Aurélien*, 45, 2. Palladius, I, 39[40], 4.

(4) *I. L. A.*, 2101.

(5) Conf. *supra*, p. 20.

(6) « [therm]as aestivas, olim splen[did(issimae)] coloni[ae nostrae (?) orn]a[mentum (?)]. »

(7) A Thuburbo Majus, les thermes d'hiver et les thermes d'été sont voisins (à 75 mètres de distance), mais ils sont séparés par des rues et d'autres édifices : voir le plan, *Bull. du Comité,* 1919, p. CXXXIV.

(8) Les thermes d'été de Thuburbo Majus couvrent environ 2.800 mètres carrés ; les thermes d'hiver, 1.600 : *Bull. du Comité*, 1916, p. CXL ; *Comptes rendus de l'Acad. des Inscriptions*, 1917, p. 71.

établissement d'hiver. Nous avons vu[1] que les latrines des grands thermes sont sous un portique, comme dans les *thermae aestivales* de Thuburbo Majus ; elles ne pouvaient guère servir qu'en été.

On n'a pas exhumé de documents permettant de dater avec certitude ces deux établissements, élevés en un temps où l'art de bâtir n'était pas encore tombé en décadence.

Dans les grands thermes, ont été recueillis plusieurs dés de bases de statues, dont l'inscription débute par la formule *Pro salute*. Il faut, très probablement, attribuer aux mêmes bases des couronnements moulurés, portant chacun une dédicace à une divinité, par exemple *Aesculapio Aug(usto)*, dédicace à laquelle l'inscription du dé faisait suite. Les mêmes fouilles ont mis au jour des statues qui représentent ces divinités et dont les dimensions concordent avec celles des bases[2]. Il serait étonnant que des hasards divers, des emplois tardifs eussent réuni ici des dés, couronnements et statues dont la place primitive aurait été ailleurs[3]. Cet ensemble, cela n'est guère douteux, appartenait à la décoration des thermes. Or, dans deux de ces textes, la formule *pro salute* est suivie des noms et titres de Septime Sévère, de ses fils et de sa femme[4] ; dans un autre, des noms et titres de Caracalla, devenu seul empereur[5]. Mentionnons aussi la découverte, dans les petits thermes, d'une dédicace à Septime

---

(1) P. 95-96.

(2) Pour ces couronnements et ces statues, v. *infra*, § IV.

(3) Des statues, retirées, pour des raisons diverses, des édifices où elles avaient été dressées, furent parfois transportées dans des thermes : c'est ainsi que les grands thermes de Cherchel devinrent un véritable musée (conf. *C. I. L.*, VIII, 20963 ; voir aussi *ibid.*, 25998). Mais ici, il s'agit d'œuvres exécutées pour constituer un ensemble, et non faites à différentes époques, pour orner différents monuments.

(4) *I. L. A.*, 2087, qui mentionnait aussi Plautille, femme de Caracalla ; l'inscription date de 202-205. *Ibid.*, 2089.

(5) *Ibid.*, 2092. — Les dédicaces 2089 et 2092 furent faites par des Madauriens « [p]ro honore aedil(itatis) », « ob honore(m) aedilitatis ». Au n° 2087, il faut probablement restituer aussi « pro hono[re aedil(itatis)] ». A cet ensemble décoratif, les édiles contribuèrent les uns après les autres. — Un dé, plus bas et plus large que les précédents, a été exhumé, non dans les grands thermes, mais tout près, au Sud (*I. L. A.*, 2088). On y retrouve la formule *pro salute*, suivie des noms de Septime Sévère, Caracalla, Géta, Julia Domna et Plautille, ainsi que la mention « ob hono[r]em aedilitatis ». A la même série a peut-être appartenu une base, dont deux morceaux ont été recueillis en dehors des thermes, loin l'un de l'autre (*ibid.*, 2095) : « Pro s[alute] etc. — l'empereur est Sévère Alexandre — ... ob honorem aedilitatis ». Voir peut-être aussi n° 2150, fragment d'une base, trouvé dans les grands thermes : « .... [o]b hon(orem) aedil(itatis) ».

Sévère[1] et d'une autre à Caracalla, alors associé à son père[2]. Nos ruines n'ont pas livré d'inscriptions impériales plus anciennes[3]. Ce sont là, non pas assurément des preuves, mais des indices qui autorisent à proposer comme date le début du III⁹ siècle.

Plusieurs inscriptions de Madaure commémorent des restaurations exécutées dans des thermes sous le Bas-Empire : en les lisant, nous devrons faire la part des exagérations dont le style emphatique de cette époque était coutumier[4]. Ces pierres sont en morceaux. Quelques fragments ont été trouvés dans les grands thermes, mais ils avaient servi de matériaux et l'on ignore, par conséquent, la place que chaque dédicace occupait lorsqu'elle était intacte. D'autres fragments, qui, parfois, se raccordent avec les précédents, étaient dispersés assez loin des deux édifices balnéaires.

A l'intérieur des grands thermes, un mur berbère contenait sept morceaux d'une plaque de marbre, où l'on avait gravé une longue inscription, sous le règne de Julien (fin de 361 — juin 363)[5]. Ce texte, dont il ne reste que des lambeaux, décrivait l'état misérable des thermes, — il y est question de toutes les voûtes, des baignoires pour les bains chauds[6], probablement aussi des sous-sols[7] ; puis il célébrait les restaurations, qui furent faites aux frais de la colonie et qui s'appliquèrent à la décoration comme à la construction[8].

---

(1) *I. L. A.*, 2085.

(2) *Ibid.*, 2091, dédicace officielle de l'année 201. — Ce sont là des arguments plus faibles, car il s'agit de deux pierres isolées, qui, comme beaucoup d'autres, avaient pu être apportées de plus ou moins loin, pour servir de matériaux dans des murs de basse époque (tel fut l'emploi que reçut la dédicace à Sévère : voir p. 104).

(3) Un fragment d'une dédicace au *Divus Antoninus* (Antonin le Pieux), gravé sous Marc-Aurèle (*I. L. A.*, 2084), a jadis été trouvé par moi au-dessus des petits thermes, mais presque à fleur de terre. Il n'y a aucune conclusion à tirer de cette pierre errante.

(4) Conf. *supra*, p. 73.

(5) *I. L. A.*, 2100.

(6) Comme l'indique le mot *solia*, employé ici. La salle qui contenait les *solia* était appelée *cella soliaris*, terme que nous rencontrons dans une inscription de Madaure, citée plus loin. Conf. de Pachtere, *Mélanges de l'Ecole de Rome*, XXIX, 1909, p. 401 et suiv. ; Merlin, *Comptes rendus de l'Acad. des Inscriptions*, 1917, p. 73.

(7) « ... [thermae] ... [in]curia paene ad interitum [redactae (?)], ... [ca]meris omnibus et soliis o[t (?)] ... [n]on tantum in[f]eriorum ...tis voragini ... »

(8) « ... picturae gratiam .. melioribus ornam[entis] ... sum(p)tu publico ... » — Expressions analogues dans un fragment trouvé dans les grands thermes : n° 2137/8.

De l'année 364 (sous Valentinien I[er] et Valens) date une grande table, dont deux morceaux ont été recueillis, l'un, le principal, sur le forum, l'autre au Nord du théâtre [1]. Elle nous apprend que des ruines déparaient les thermes d'été depuis de longues années, que toutes les baignoires pour les bains chauds étaient dégradées au point de causer des accidents [2]. Un curateur de la commune fit exécuter, aux frais du Trésor public, les travaux nécessaires et décorer l'édifice d'une manière « splendide » [3]. Il renforça aussi l'épaisseur des plateaux de cuivre qui étaient placés sous les chaudières en plomb [pour éviter que celles-ci ne fondissent] [4]. Il répara encore la toiture du portique dans lequel on pénétrait par l'aire, ainsi que celle du porche (?) attenant à ce portique et donnant sur la rue [5]. Nous n'avons pas là fin de ce texte, qui, jusque-là, n'offre que des lacunes peu importantes.

J'ai dit les motifs pour lesquels je crois que les *thermae aestivae* sont nos grands thermes. Mais si, en 364, cet édifice était tellement délabré, et cela « depuis de longues années », il paraît difficile d'admettre qu'on l'eût restauré entre 361 et 363 ; qu'en particulier, les baignoires, réparées sous Julien, fussent presque aussitôt tombées en ruines. Ou bien ces inscriptions, — l'une des deux, tout au moins, — ont été rédigées sans souci de la vérité ; ou bien la première se rapporte aux petits thermes, non aux grands, dans lesquels ses débris auraient été portés par des maçons berbères.

Les indications de l'inscription de 364, relatives au portique, à l'aire, au porche (?), cadrent assez bien avec les hypothèses que nous a suggérées l'examen des ruines, maintenant disparues, qui s'étendaient entre la rue montante et les grands thermes [6].

---

(1) *I. L. A.*, 2101.

(2) « [therm]as aestivas ... [tot re]tro annis ruinarum labe deformes, pa[rietibusque omni(?)]um soliorum ita corruptis ut gravibus damnis adficerent. »

(3) « [nun(?)]c omni idonitate constructas et cultu splendido decoratas. »

(4) « patinas ampliato aeris pondere omni idonitate firmissimas. » Conf. Palladius, I. 39 [40], 3 : « miliarium plumbeum, cui aerea patina subest, inter soliorum spatia forinsecus statuamus » ; une inscription de Thuburbo Majus (Merlin, *Comptes rendus de l'Acad. des Inscriptions*, 1917, p. 73) : « [cellam s]oliarem cum soli[i]s, omni etiam refuso instrumento aeris et plumbi ... » Voir aussi Cagnat et Chapot, *Manuel d'archéol. romaine*, I, p. 211.

(5) « Porticum quoque ingredientibus ab atri[o], sed et pronaum eidem coherentem — *sic* — commeantibus per viam, trabibus, ti[g]nis ... » La traduction que je donne ci-dessus ne prétend pas être littérale.

(6) *Supra*, p. 94-95. Pour des portiques dépendant de thermes, conf., par exemple, Dessau, *Inscr. lat. sel.*, 5312, 9361. *Atrium thermarum*, mentionné sur des inscriptions de Dougga (Poinssot, *Nouvelles Archives des missions*, XXII, fasc. 2, 1921, p. 166) et d'Éphèse (Dessau, *l. c.*, 5704).

Une troisième inscription est de 366 ou 367 [1]. Elle est gravée sur une table, brisée à droite, qui faisait partie d'un mur berbère, bâti à l'intérieur de ces mêmes thermes. Dans deux salles, dont l'une est qualifiée de ... *piscinalis* (le substantif manque), et l'autre, de *cella soliaris*, s'ouvraient de nombreux trous, qui laissaient voir le sous-sol et par lesquels l'air chaud s'échappait [2]. On se procura des marbres de différentes couleurs et on appela du dehors des artistes pour exécuter de nouveaux pavements en mosaïque [3]. — La *cella soliaris* était le *caldarium* [4]. Le contexte prouve que l'adjectif *piscinalis* se rapportait à une salle qui avait des hypocaustes [5]. Ce n'était donc pas le *frigidarium*, avec ses deux piscines ; peut-être s'agit-il de l'ancienne étuve M des grands thermes, où l'on installa, sous le Bas-Empire, des baignoires pour bains chauds.

Enfin, trois morceaux, dont le principal a été découvert dans les grands thermes, et les autres dans le théâtre, donnent le texte à peu près complet d'une inscription de 407-408 (sous Arcadius, Honorius et Théodose II) [6]. Nous y lisons qu'une salle voûtée des thermes était depuis longtemps en ruines et qu'on ne pouvait plus y prendre de bains. Un curateur de la commune la restaura à ses frais, en faisant établir de nouvelles *suspensurae* [7]. — Cette salle chaude, où l'on se baignait, était soit N, soit M, dans les grands thermes, soit Y, dans les petits [8].

---

(1) *I. L. A.*, 2102.

(2) « piscinalem istam ... et soliarem cellam lacuniis — *sic* — densis ita foed[atas ut ima pavi]menti monstrarent atque ita retentione[m caloris prohi]berent. »

(3) « exquisitis diversorum co[lorum marmoribus], artificibus quoque peregrinis adductis et [adhibitis (?), splen]dentes — il s'agit des deux salles —, novoque omnino opere tes(s)ellatas, etc. »

(4) Conf. *supra*, p. 108, n. 6.

(5) Dans une inscription de Sbéitla (Poinssot, *Comité*, 1921, *Commission de l'Afrique du Nord*, février), le substantif manque également : « ... piscinalem thermarum hiemalium squalentem ». Les *piscinales cellae* mentionnées par Palladius (I, 39 [40], 4) sont des salles pour bains froids.

(6) *I. L. A.*, 2108.

(7) « ce[lla]m balnearum lon[ga] serie temporum ruina desolatam usib[usque] lavacrorum den[e]gatam sumptu prop[rio, et] camoeram — *sic* — cum suspensuris constructam novi[s] ... ded[icavit]. » La phrase se présente mal ; peut-être un mot comme *restitutam* a-t-il été omis après *sumptu proprio*. — Des fragments de deux inscriptions contemporaines de celle-ci ont été trouvés, l'un dans les grands thermes, l'autre auprès ; on ne saurait dire quels travaux ces textes commémoraient : *I. L. A.*, 2109, 2110.

(8) Le principal morceau de l'inscription ayant été recueilli dans les grands thermes, il est plus probable que la salle appartenait à cet édifice. Il s'agit de M, plutôt que de N. Le grand

Tombés en ruines, les deux édifices, surtout les grands thermes[1], furent envahis, dans les siècles qui suivirent, par de misérables habitations[2]. On se servit naturellement des murs restés debout. Mais on en éleva d'autres, fort barbares, là où le besoin s'en fit sentir ; on sectionna des salles trop grandes, on boucha des baies devenues inutiles, on remplaça par des toitures des voûtes écroulées. C'est ainsi que des parois furent construites dans le vestibule A des thermes d'été, dans les salles E et F, au-dessus des piscines *i* et *k* du *caldarium* N, sur le plafond des galeries O et P, au-dessus de la chambre de chauffe Q, etc. Dans la salle J, on dressa une rangée de trois piliers, dont les bases, ornées de moulures, furent prises ailleurs, et que l'on coiffa de dosserets[3] pour porter un toit. La grande fenêtre qui s'ouvrait au fond de la salle K, au-dessus du fourneau *l*, fut rétrécie (voir pl. vi, fig. 2)[4] et devint une porte. On y accédait par le plafond de la galerie O ; à cette époque, le sol de la salle, fort exhaussé par des décombres, venait à peu près au niveau du seuil de la nouvelle entrée.

Quand les maçons ne trouvaient pas dans les ruines mêmes les blocs tout taillés qui leur étaient nécessaires, ils allaient les chercher dans le voisinage ou dans les cimetières. Les fouilles des thermes ont remis au jour nombre de stèles et d'autels funéraires, et aussi quelques pierres qui, à l'époque romaine, n'étaient évidemment pas là où elles ont été exhumées : des autels sur lesquels sont gravées des dédicaces à Mars et à Pluton[5] ; deux morceaux d'une inscription relative à des travaux exécutés dans un temple[6] ; un fragment de la dédicace d'un sanctuaire de la Concorde[7] ; etc.[8].

---

caldarium N était indispensable et l'on n'aurait pas attendu des années pour le réparer. Au contraire, l'étuve M n'était devenue que tardivement une salle de bains. On pouvait à la rigueur se passer de ce second *caldarium*, comme on s'en était passé pendant fort longtemps.

(1) Les murs parasites étaient beaucoup moins nombreux dans les petits thermes.

(2) Nous avons vu (p. 95) qu'il en fut de même de l'espace qui s'étend entre les thermes d'été et la grande rue, et qu'une porte, dégagée par les fouilles en ce lieu, avait été faite dans la seconde moitié du Vᵉ siècle ou au siècle suivant, à en juger par les chrismes qui la décoraient.

(3) Hauteur totale 2ᵐ80.

(4) Ce remaniement n'est pas indiqué sur le plan, pl. XIX.

(5) *I. L. A.*, 2054, 2066.

(6) Peut-être un temple de Mars : *ibid.*, 2056.

(7) *Ibid.*, 2035.

(8) Une pierre portant une dédicace *Fato Aug(usto)* a été taillée en arcade pour être employée dans les petits thermes : *ibid.*, 2037.

IV

Dans les grands thermes et dans les petits, des statues occupaient des niches, que nous avons mentionnées au cours de notre description ; d'autres se dressaient sans doute sur des bases, en avant des murs. Il est douteux que tous les piédestaux ou fragments de piédestaux recueillis dans les fouilles aient appartenu à des statues qui décoraient ces deux édifices. Comme les pierres dont nous venons de parler, ils ont pu être apportés très tardivement, pour servir de matériaux de construction [1]. Je ne vois pas dans quelle salle aurait trouvé place une statue en char, dont la dédicace [2] fut gravée sur une belle table, faite sans doute pour être appliquée contre une des faces du socle. Trois morceaux de cette pierre étaient encastrés dans un mauvais mur, bâti à l'intérieur des grands thermes (le quatrième se trouvait dans un mur semblable, à l'Ouest des petits thermes). Ce monument, témoignage de gratitude des Madauriens envers M. Cornelius Fronto Gabinianus, chevalier romain, ancien duumvir, dut être élevé en plein air, par exemple, si l'on veut faire quelque hypothèse, dans *l'atrium* des thermes d'été.

Mais nous avons dit [3] pourquoi nous attribuons à la décoration de l'intérieur de ces thermes des couronnements de bases, portant des dédicaces à Esculape [4], à Hygie [5], à Liber [6], à Vénus [7], à la Fortune [8], ainsi que les statues elles-mêmes, exhumées çà et là dans la ruine. Esculape et Hygie étaient, du reste, tout à fait à leur place dans un établissement balnéaire [9].

Ces statues de marbre [10], dont le derrière est seulement dégrossi, — ce qui prouve qu'elles étaient adossées à des murs, — sont véritablement bien mauvaises. Si nous les avons reproduites sur nos planches, c'est surtout pour

---

(1) Par exemple, les bases *I. L. A.*, 2146, 2148.

(2) *Ibid.*, 2145 : « ... o[rd]o et populus ... hono[re]m bigae et statuae decrev[e]runt, etc. »

(3) P. 107.

(4) *I. L. A.*, 2031. Largeur du couronnement. 0^m66.

(5) *Ibid.*, 2050. Larg. 0^m65.

(6) N° 2031. Larg. 0^m63.

(7) N° 2067. Larg. 0^m49.

(8) N° 2040. Larg. 0^m78.

(9) Conf. *supra*, p. 44-45.

(10) Aujourd'hui au jardin public de Guelma.

montrer de quoi pouvaient se contenter des sculpteurs travaillant en Afrique et leur clientèle. Corps raides, visages vulgaires ou hébétés, exécution sèche [1] et mécanique, tout concourt à produire un effet pitoyable. Elles ont été faites, cela va sans dire, d'après des modèles courants.

Esculape (pl. xii, fig. 3) [2] est vêtu d'un manteau qui encadre le torse nu et que retient la main gauche, enveloppée dans un pli de l'étoffe ; la main droite, absente, tenait certainement un bâton [3], autour duquel un serpent s'enroulait [4].

Hygie (pl. xiii bis, fig. 4) [5] a perdu sa tête. Elle porte une tunique (avec des demi-manches à crevés), laissant l'épaule gauche découverte et entourée d'un cordon sous les seins ; par-dessus, un manteau, qui, jeté sur le bras gauche, passe obliquement derrière le dos, entoure le bas du corps et est ramené sur l'avant-bras gauche. Elle tient de la main droite un serpent, auquel elle présentait une patère, tenue de la main gauche, aujourd'hui détruite [6].

Bacchus (pl. xiii, fig. 3) [7], reconnaissable aux pampres dont il est abondamment couronné, n'a plus ni pieds, ni bras, ni mains, ce qui ne nous empêchera pas d'affirmer qu'il tenait, comme de coutume, un thyrse de la main gauche et un canthare de la main droite [8]. En avant du tronc dont le haut subsiste contre la cuisse droite, rétablissons une panthère, tête levée, et nous aurons une statue fort banale [9].

Vénus est encore plus mal en point : il n'en reste que le bas [10]. La

---

(1) Le Bacchus fait exception ; il est d'une facture molle, qui ne vaut pas mieux.

(2) Plus grand que nature. Hauteur de ce qui reste 1m90 (les pieds manquent) De Pachtere, *Musée de Guelma*, p. 30.

(3) Qu'un tenon reliait à la cuisse droite.

(4) Pour cet Esculape, conf., entre autres, des statues de Lambèse (Cagnat, *Musée de Lambèse*, pl. ii), de Bulla Regia *(Catalogue du Musée Alaoui*, Supplément, pl. xxxiv, fig. 3), de Khamissa (deux, trouvées dans des thermes ; inédites : conf. *I. L. A.*, au n° 1220).

(5) Grandeur nature. Hauteur de ce qui reste, avec la base, 1m52. De Pachtere, *l. c.*, p. 31 ; pl. v, fig. 5.

(6) Conf., entre autres, des Hygies trouvées à Lambèse (Cagnat, *l. c.*, pl. ii), à Timgad (Ballu et Cagnat, *Musée de Timgad*. pl. ii, fig. 5), à Khamissa (dans les mêmes thermes que les deux Esculapes ; inédite).

(7) Grandeur nature. Le nez, les lèvres et le menton sont endommagés. De Pachtere, *l. c.*, p. 28-29 ; pl. v, fig. 3.

(8) Restes de tenons au flanc gauche, au haut de la jambe gauche, au flanc droit.

(9) Conf., par exemple, des statues de Mouzaïaville (Doublet, *Musée d'Alger*, fig. à la p. 37) et de Carthage (*Musée Alaoui*, Suppl., pl. xxiv, fig. 1).

(10) Grandeur nature. Manquent la tête, la poitrine, les bras (la main gauche est conservée).

déesse est honnêtement vêtue [1] d'une tunique [2] et d'un manteau, qui couvrait le dos et, ramené par-devant sur les jambes, est retenu par la main gauche à la hauteur du bas-ventre, comme si la tunique ne suffisait pas à couvrir ce qui ne devait point être vu [3]. A sa droite, un petit Amour [4] se tient debout, appuyant sa main gauche sur un cippe, portant sa main droite à son épaule gauche et croisant les jambes.

Le couronnement de basé où se lit la dédicace à la Fortune est plus large que les autres. Il portait probablement une statue colossale (pl. xii, fig. 2) [5], représentant une divinité dont la tête est ornée d'une couronne en forme de croissant et dont la main gauche tient une corne d'abondance ; l'autre main, qui manque, a pu tenir un gouvernail. L'arrangement de la tunique à manches, serrée d'un cordon sous les seins, et du manteau, qui couvre le bras gauche et le bas du corps, ne diffère guère de celui qu'offre la statue d'Hygie, qu'offre aussi une autre statue de déesse, trouvée dans les grands thermes (pl. xii, fig. 1) [6]. Celle-ci porte également une couronne et tient une corne d'abondance. Ce peut être une Fortune, une Concorde, une Félicité, etc. : la disparition de la main droite, avec l'attribut qu'elle tenait, empêche de préciser.

Fig. 15. — Statuette de Bacchus.

Une statuette de Bacchus, accompagné d'une panthère (fig. 15) [7], n'appartient pas à cette série et elle est d'un travail meilleur, diligent et correct [8]. D'après une indication de M. Joly, elle a été trouvée dans les petits thermes [9]. Elle a subi de graves mutilations ; les mains tenaient, naturellement, le thyrse [10] et le canthare.

---

(1) Conf., entre autres statues, une Vénus de Cherchel : Gauckler, *Musée de Cherchel*, pl. xvi. fig. 2.

(2) Qui a pu laisser à découvert, sinon une partie de la gorge, du moins une épaule.

(3) Il y a là, sans doute, une réminiscence illogique du motif de la Vénus nue, dite pudique. Conf. la statue de Cherchel citée n. 1.

(4) Manquent la tête, la jambe droite et le pied gauche.

(5) Hauteur 2m43. La corne d'abondance est en majeure partie détruite, avec la main qui la tenait. De Pachtere, *l. c.*, p. 34 ; pl. iii, fig. 5.

(6) Hauteur 2 mètres. Le devant de la figure est endommagé ; le nez et les lèvres avaient été réparés, comme l'attestent des trous de scellement.

(7) Haute, en l'état, de 0m98. De Pachtere, *l. c.*, p. 28-29 ; pl. v, fig. 1.

(8) Elle est modelée par derrière ; elle était donc destinée à être vue de tous les côtés.

(9) D'après M. Ballu (*Bull. archéol. du Comité*, 1907, p. 247), on l'aurait recueillie dans le fourneau *l* de la salle K des grands thermes.

(10) Tenon au haut de la cuisse gauche.

CHAPITRE IV

Les églises. La forteresse byzantine

I

En 1920-1921, les fouilles faites dans le quartier central ont exhumé une basilique chrétienne, à 120 mètres au Sud-Est des grands thermes [1] (plan à la fig. 16). Elle a été élevée le long du côté droit de la voie montante. Celle-ci, on le sait [2], n'est pas rectiligne. Ici, elle se dirige [3] d'abord du Nord-Ouest au Sud-Est, puis elle oblique vers le Sud-Sud-Est : c'est à la hauteur du coude que fut établie l'abside. A cet endroit, une large porte, précédée d'un perron, s'ouvrait sur la voie ; elle devait donner accès à une maison ou à un édifice public, que l'abside et la sacristie remplacèrent. Les chrétiens bouchèrent la baie, sans en supprimer les montants. Le portique qui s'étend devant l'église est en bordure de la rue qui relie la voie montante au forum et à l'entrée de laquelle se dressait un arc [4]. Un des pieds-droits de ce monument ferma le flanc gauche du portique.

Notre basilique qui, se conformant à l'orientation de la grande voie, est tournée vers le Nord-Ouest, mesure [5] 34 mètres de long jusqu'au fond de l'abside et 7^m80-8^m10 de large. Les murs, dont le bas seul subsiste, sont mal construits, en moellons, avec des chaînes en pierres de taille.

Le portique, dallé, avait un front de deux colonnes, entre l'extrémité du mur qui le fermait à droite et le pied-droit de l'arc [6]. Les bases [7], sans doute

---

(1) Elle n'est pas indiquée sur notre plan général, la planche XVI ayant été tirée avant la découverte de cet édifice.

(2) Voir p. 19.

(3) Du moins le côté droit de la rue : les deux côtés ne sont pas parallèles.

(4) V. *supra*, p. 55.

(5) Murs compris.

(6) Contre ce pied-droit, on a appliqué un bout de mur, formant ante.

(7) Elles ont 0^m58 de côté.

prises ailleurs, sont encore en place, mais les fûts et les chapiteaux n'ont pas été retrouvés. De là, par une baie[1], qui pouvait être fermée[2], on pénètre dans un vestibule[3], dépourvu de dallage. Au fond, deux petites portes[4], l'une à droite, l'autre à gauche, s'ouvrent sur la nef. Il est possible qu'elles aient flanqué une troisième porte, plus large, dont le seuil et les côtés auraient disparu. Je serais cependant plus disposé à admettre une grande baie, qui aurait été barrée par une grille et par laquelle on aurait eu vue sur l'intérieur de l'église[5] : cette hypothèse expliquerait pourquoi le dallage de la nef se prolonge par-devant, sur tout l'espace intermédiaire entre les deux portes latérales[6]. Derrière le vestibule, une autre entrée[7] a été ménagée dans le mur de droite de la basilique.

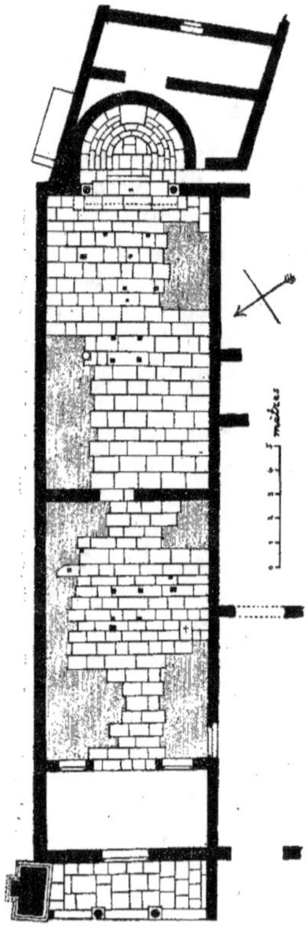

Il n'y a qu'une nef : la largeur médiocre de l'édifice a dispensé de le diviser en trois vaisseaux. Le dallage ne présente pas trop de lacunes.

A onze mètres du vestibule, cette nef est coupée par un mauvais mur transversal, en pierres de taille, qui, dans son état actuel, s'interrompt vers le milieu[8], mais qui devait être continu. Il repose sur les dalles : il a donc été bâti après coup. On dut l'élever pour diminuer les dimensions de l'église, peut-être déjà plus ou moins ruinée, et constituer ainsi une cha-

Fig. 16. — Plan de l'église urbaine.

---

(1) Large de 1m97.

(2) Mortaises dans le seuil.

(3) Profond de 3m30.

(4) Larges de 1m27 (à droite) et de 1m22 (à gauche). Mortaises dans les seuils, pour la fermeture.

(5) Ainsi, les pénitents qui se tenaient dans le vestibule, sans avoir le droit de franchir les portes, auraient pu assister aux offices.

(6) Il est vrai qu'il n'y a pas, dans ce dallage, de mortaises pour l'insertion de la grille supposée.

(7) Large de 1m52. Mortaises dans le seuil.

(8) Non pas exactement au milieu, mais un peu sur la gauche.

pelle dans la partie antérieure de la nef. L'autel, d'abord beaucoup plus éloigné du vestibule, aurait alors été dressé dans ce sanctuaire réduit, là où quatre mortaises [1] occupent, sur le dallage, les angles d'un carré de 1^{m}32 de côté. D'autres mortaises ont été creusées, soit en avant, soit à hauteur, soit en arrière de ce cadre ; j'ignore leur destination.

A 5^{m}70 et 6^{m}75 en avant de l'abside, quatre mortaises [2], dessinant un rectangle de 1^{m}30 sur 1^{m}05, marquent l'emplacement de l'autel primitif. Il était en bois, comme dans beaucoup d'églises africaines [3], et les montants s'inséraient dans les quatre trous. Peut-être était-il surmonté d'un *ciborium*, dont les bases auraient été simplement posées sur le dallage, car on ne retrouve pas d'encastrements qui les auraient maintenues. A ce dais ont pu appartenir deux bases à socle élevé [4], plusieurs chapiteaux corinthiens, à feuilles non découpées, et des fragments de fûts, découverts çà et là dans la ruine [5]. Des sondages, exécutés sous les dalles à la place des deux autels, n'ont donné aucun résultat : les reliques, qui ne pouvaient guère manquer, devaient être enfermées à l'intérieur d'une caisse, dont les parois auraient été établies entre les montants de la table.

Dans l'intervalle qui sépare de l'abside le groupe de trous répondant aux angles de l'autel primitif, nous rencontrons six autres mortaises, disposées sur trois lignes : il est permis de croire que le fond de la nef était barré par une grille, qui aurait été deux fois déplacée.

On montait par deux marches [6] à l'abside [7], munie d'une grille [8]. L'ouverture était flanquée de deux colonnes ; les bases seules sont en place. Les chapi-

---

(1) Mesurant 0^{m}16-0^{m}21 de côté.

(2) De 0^{m}15 à 0^{m}20 de côté.

(3) Conf. Gsell, *Monuments antiques de l'Algérie*, II, p. 145.

(4) Hautes de 0^{m}88.

(5) Cela n'est pas certain, car d'autres débris architecturaux recueillis dans les fouilles, — morceaux de fûts de colonnes (de divers diamètres) et d'une colonne engagée, chapiteau corinthien de pilastre, fragment d'un petit pilier cannelé, grands dosserets, — ne semblent pas avoir appartenu à la décoration de l'église ; ils ont pu être apportés, comme cela se constate fréquemment, par des Berbères qui auraient installé des habitations en ce lieu. — A gauche de l'emplacement de l'autel, un morceau de fût de colonne a été encastré dans le dallage, qu'il affleure. Je ne sais pourquoi on s'est servi d'une pierre si peu propre, par sa forme, à faire partie d'un pavement. En tout cas, la place qu'elle occupe montre qu'elle n'a rien à voir avec un *ciborium*.

(6) La seconde a disparu.

(7) Dont le dallage est 0^{m}45 au-dessus de celui de la nef.

(8) Mortaise au milieu du seuil.

teaux portaient des impostes ou coussinets, dont la partie postérieure s'engageait dans le mur voisin et sur lesquels reposaient les sommiers de l'arc de tête du cul-de-four [1]. Un de ces coussinets gisait au fond de la nef, à gauche [2]. Sur la petite face inclinée qui regardait l'entrée de l'abside, il est décoré de deux crochets superposés (images sommaires de feuilles d'acanthe) et de deux coquilles. Sur une des faces longues, à droite de la face antérieure, on distingue assez mal, la pierre étant fruste, une vigne, formant des enroulements, et, en haut,

Fig. 17. — Abside de l'église urbaine.

le long du bord, une tresse. Des stries parallèles, horizontales, sont tracées sur la face opposée [3]. Le style rappelle des coussinets sculptés trouvés à Tébessa [4], à Fériana [5], à Henchir el Begueur [6].

L'abside (voir la fig. 17) présente le même aménagement intérieur que dans une église d'Announa [7]. Des gradins en pierres de taille, au nombre de cinq, garnissent le pourtour. Les quatre premiers sont des marches, dont ils

---

(1) Coussinets ayant la même fonction dans une église de Thibilis : *Announa*, p. 94.

(2) Haut de 0m46 ; long en bas de 1m21, en haut de 1m37.

(3) Il est probable que la face la plus ornée était du côté de la nef. Par conséquent, ce coussinet a dû coiffer la colonne de droite.

(4) Gsell, *Musée de Tébessa*, p. 55-58 ; pl. v.

(5) Gsell, dans *Atti del IIᵉ Congresso internazionale di archeologia cristiana* (Rome, 1900), fig. aux p. 202 et 223.

(6) Guénin, *Bull. archéol. du Comité*, 1907, pl. xxxix-xl.

(7) *Announa*, p. 94.

ont la largeur (0ᵐ25-0ᵐ28) et la hauteur (0ᵐ22-0ᵐ25). Le cinquième, qui précède le mur, est plus large (0ᵐ42) ; il servait de siège au clergé [1]. Au fond, un massif, également en pierres de taille, s'élève au niveau de ce cinquième degré et s'avance jusqu'à l'arête du troisième, qu'il interrompt, ainsi que le quatrième, sur une largeur de 1ᵐ10 : sorte de socle, évidemment destiné à porter la chaire de l'évêque.

Sur la droite, en avant des gradins, s'ouvre un étroit couloir, qui conduit au dehors, et aussi, par une petite porte latérale, à une salle établie derrière l'abside et disposée de biais, conformément au changement de direction de la voie longeant l'église. C'était une sacristie. Au Sud-Est, une baie la relie à une autre salle, qui communique, du côté opposé, avec l'extérieur [2] et qui paraît avoir fait partie de l'église, quoique les murs, très grossiers [3], aient été certainement rebâtis par des Berbères.

Contre le mur de droite de la nef, viennent s'appliquer quelques autres murs, fort mal construits. Ils sont sans doute de très basse époque. On n'a pas découvert, à proximité de la basilique, de ruines qui puissent être attribuées à un baptistère. A quelques mètres au Sud du portique, les fouilles ont dégagé un ensemble assez confus. Une cour, de 8ᵐ10 de long sur 4ᵐ45 de large, est entourée, sur trois côtés, de portiques, que des murs parasites ont envahis. Les bases et les chapiteaux (d'ordre dorique romain) sont de facture décadente. Peut-être y avait-il là simplement une grande maison ; rien ne prouve qu'il s'agisse d'une dépendance de l'église.

Celle-ci n'est point la basilique à laquelle saint Augustin fait allusion dans une lettre à des Madauriens [4]. Le style du coussinet retrouvé ne permet pas, croyons-nous, de proposer une date antérieure au Vᵉ siècle. Dans le voisinage immédiat [5], on a recueilli deux pierres qui ont dû appartenir, sinon à l'édifice même, du moins à ses dépendances. Elles sont décorées de chrismes qui ne furent pas en usage avant le milieu du même siècle. La première est un grand

---

(1) Assis probablement sur des coussins; car ce degré n'est pas plus haut que les autres. On peut admettre aussi des sièges mobiles en bois, ou des bancs, placés sur le cinquième degré.

(2) Le seuil de la porte est en place.

(3) En pierres de taille au Sud-Est ; en moellons, avec chaînes, au Sud-Ouest.

(4) *Lettres*, ccxxxii, 2 : « Quis basilicae ianuam ingredi cupientibus clausit ? »

(5) Le linteau avait été remployé dans un mur berbère. Le sommier gît sur le dallage de la voie montante.

linteau [1], sur la face duquel est gravée une croix monogrammatique, haute de 0m27, flanquée de l'α (de forme presque triangulaire) et de l'ω [2] ; la seconde, un sommier, qui servait de départ à deux arcades, l'une à la suite de l'autre [3] ; on y a tracé une croix de même forme, haute de 0m30 [4].

Dans la nef, non loin de l'entrée, une des pierres du dallage [5] porte une inscription [6], pourvue d'une date qui répond au 22 janvier 531. C'est l'épitaphe d'un certain Desiderius, né à *Casas Maiores Reni* [7], lieu probablement africain [8] ; il était fils d'un évêque du nom de Respectus [9]. Il mourut à 26 ans, dans la première année du règne de Gélimer [10], le 11 des calendes de février. Peut-être sa tombe est-elle postérieure à l'époque où, — selon notre hypothèse, — l'édifice aurait été réduit aux proportions d'une chapelle ; elle se trouve tout près du nouvel autel [11].

On peut donc supposer que notre église fut bâtie dans la seconde moitié du Vᵉ siècle ; qu'elle fut en partie détruite assez peu de temps après, peut-être par

---

(1) Incomplet. D'après la place du chrisme, la baie mesurait environ 1m30 de largeur. Était-ce la porte de droite du front de la nef ?

(2) *I. L. A.*, 2814 bis, nᵒ II.

(3) Je le placerais volontiers au-dessus d'une des colonnes du portique antérieur de l'église, si, à droite, le mur était assez épais pour avoir pu résister à la poussée d'une arcade (à gauche, le pied-droit de l'arc romain formait un puissant contrefort). Il y a lieu de croire que ces colonnes portaient, non des arcades, mais un entablement en bois.

(4) *I. L. A.*, 2814 bis, nᵒ III.

(5) Marquée par une croix sur le plan, fig. 16.

(6) *I. L. A.*, 2758 bis.

(7) Dans le troisième mot, la dernière lettre a la forme d'un T, mais il en est de même de l'I dans le mot *episc(opi)*.

(8) Voir dans *I. L. A., l. c.*, mes observations à l'inscription.

(9) Le texte ne dit pas qu'il s'agisse d'un évêque de Madaure et d'un évêque catholique. Mais cela est vraisemblable. Respectus put venir ici après avoir habité ces *Casae Maiores*, où naquit son fils. On n'a pas de preuves que des Vandales, — de confession arienne, comme on le sait, — aient résidé à Madaure : maîtres officiels du pays, ces Germains restaient groupés à proximité de Carthage et dans quelques lieux de garnison.

(10) L'inscription porte : « anno primo dom(i)n(i) — ou dom(ini) n(ostri) — regis SELI », avec un trait sur les lettres SEL. Ce ne peut être que Gélimer.

(11) Dans le sous-sol, non pas immédiatement au-dessous, mais un peu au Sud-Est de la pierre portant cette épitaphe, une caisse, faite de plusieurs dalles et disposée perpendiculairement à l'axe de la nef, contenait les restes d'un squelette. Il y avait probablement dans l'église d'autres sépultures, dépourvues d'épitaphe ou dont les pierres tombales ont disparu. L'inscription de Desiderius débute par l'indication *Locu II*, c'est-à-dire, sans doute, *locus secundus*. L'espoir de découvrir ces tombes ne justifierait pas le bouleversement de tout le dallage.

des indigènes révoltés [1] ; puis, qu'elle fut rendue au culte, sous une forme plus modeste, vers la fin de la domination vandale.

II

Une autre basilique chrétienne de Madaure est connue depuis longtemps [2], mais elle n'a été fouillée qu'en 1913-1914 [3]. Elle est située en contre-bas et à environ 200 mètres au Nord-Ouest de la forteresse, en dehors de la ville romaine, dans une région où il y avait beaucoup de sépultures [4]. La façade est tournée vers l'Ouest-Sud-Ouest ; le terrain s'élève légèrement dans la direction du fond. Voir le plan, pl. xx, fig. 2.

Cet édifice est en fort mauvais état. La hauteur des murs ne dépasse pas deux mètres. Ils sont généralement bâtis, comme de coutume, en moellons, avec des chaînes en pierres de taille.

La construction est des plus médiocres. On a fait un large usage de matériaux de démolition : des débris de portes ; divers morceaux d'architecture, bases, fûts, chapiteaux, etc. ; une base de statue et un autel, pourvus de dédicaces à une *Dea aeterna* [5] et à Mercure [6] ; des morceaux d'une frise du Bas-Empire, où se lit le nom des Madauriens [7] ; des stèles, des autels empruntés à des tombes païennes du voisinage [8]. Des monuments funéraires chrétiens ont même été mis à contribution [9].

La basilique est précédée d'un espace rectangulaire, dont la largeur répond à celle de la nef centrale et que flanquent deux salles, l'une oblongue, à droite, l'autre carrée, à gauche. Cet espace était, soit une cour, soit plutôt un vestibule,

---

(1) Conf. *supra*, p. 53.

(2) Gsell, *Monuments antiques de l'Algérie*, II, p. 227, n° 80.

(3) Dans le *Bulletin archéologique du Comité*, 1915, p. 222 et suiv., j'en ai donné une description, qui a besoin d'être partiellement rectifiée.

(4) On a aussi trouvé, derrière le bas-côté de gauche de la basilique, deux gueules de fours, qui avaient sans doute appartenu à une fabrique de poteries (peut-être d'époque berbère).

(5) *I. L. A.*, 2032. Cette inscription a été martelée ; conf. *supra*, p. 51, n. 1.

(6) *I. L. A.*, 2062.

(7) *Ibid.*, 2140. Fragments recueillis devant l'église. Je ne crois pas, après nouvel examen, que l'inscription puisse être rapportée à cet édifice.

(8) *Ibid.*, 2201, 2211, 2268, 2297, 2344, 2508, 2588, 2615, 2688.

(9) Voir plus loin, à la description des colonnades.

16

couvert d'un toit que des colonnes ou des piliers auraient soutenu. Sur le devant, il est barré par un mur en grand appareil, qui est certainement de très basse époque, mais qui repose sur un bandeau en pierres de taille, sans doute plus ancien [1]. Ce bandeau peut avoir porté le front d'un portique (avec deux colonnes libres et deux autres adossées ?). Les salles s'ouvraient sur l'intérieur de l'église [2]. C'étaient probablement des sacristies, locaux dont la place ordinaire et logique était à proximité du fond du sanctuaire, où le clergé se tenait pendant les offices.

Au fond de l'espace rectangulaire, à droite et à gauche, deux petits escaliers conduisent à la nef, sur laquelle ils empiètent. Dans l'intervalle, les fondations, en pierres de taille, de deux gros murs, qui s'avancent dans la nef pour servir d'appuis latéraux aux escaliers, laissent entre elles un vide de 1^{m}30. Peut-être avait-on ménagé dans la façade, entre les deux portes, une baie qui aurait permis de voir l'intérieur de l'église, mais non pas d'y pénétrer [3].

L'édifice est partagé en trois vaisseaux, dont l'ensemble mesure 17^{m}60 de de long sur 12^{m}50 de large. Le sol devait être simplement en terre battue [4] ; du moins, on ne rencontre aucune trace de dallage, ni de mosaïque.

La nef était séparée des collatéraux par deux colonnades [5], où des matériaux de provenances diverses avaient été employés, sans souci des proportions. Les bases [6] sont, soit d'un travail supportable, soit fort mauvaises. L'une d'elles a été taillée dans une table portant une épitaphe chrétienne [7]. Des chapiteaux doriques retournés complètent la série. Les fûts sont lisses. Nous avons reproduit fig. 18 quelques-uns des chapiteaux. Ils sont, pour la plupart,

(1) On n'a indiqué sur le plan ni le mur récent, ni le bandeau.

(2) Cela est certain pour celle de gauche, qui ne semble pas avoir eu une porte en face, sur le dehors. Des murs antérieur et postérieur de la salle de droite, il ne reste que des amorces. En l'état actuel, on ne saurait dire où venait le sol de ces salles ; il a pu être de plain-pied avec celui de l'église.

(3) Conf., pour l'église urbaine, l'hypothèse présentée à la p. 116. Derrière la baie, l'espace compris entre les deux murs qui bordent les escaliers et qui sont réunis au fond par un autre mur, aurait même permis à des pénitents d'assister aux offices à l'intérieur de la basilique, mais en contre-bas de la nef, sans pouvoir se mêler aux fidèles entrés par les escaliers.

(4) Sauf aux endroits où il pouvait y avoir des tables, placées sur des sépultures : v. *infra*.

(5) Chaque rangée se termine au fond par une colonne dégagée (et non pas, comme d'ordinaire, par une colonne adossée). Du côté de l'entrée, il y avait peut-être un pilastre : il n'en reste plus trace, mais un chapiteau de pilastre a été retrouvé dans la ruine.

(6) Attiques, à socle plus ou moins élevé.

(7) *I. L. A.*, 2798.

d'ordre corinthien, à feuilles non découpées (fig. 18, en bas, à droite) [1]. Un autre (*ibid.*, en haut, à gauche) [2], qui s'éloigne du type classique, a deux rangées de feuilles d'acanthe, dont les détails sont indiqués, non seulement par des découpures et des nervures, mais aussi par des lignes de petits trous.

Fig. 18. — Chapiteaux de l'église hors-les-murs.

Sur un autre (*ibid.*, en bas, au milieu) [3], les deux rangées de feuilles découpées sont traitées selon les traditions, mais, au-dessus, chaque face est ornée d'une tête, très grossièrement sculptée en relief plat dans un cartouche rond. Un chapiteau de pilier carré (*ibid.*, en haut, à droite) [4], à feuilles lisses, terminées par de gros crochets, offre des dauphins, qui remplacent les volutes aux angles [5]. Enfin, sur un chapiteau corinthien, qui coiffait un pilastre (*ibid.*, en bas, à gauche) [6], un calice, d'où sortent des épis, est figuré entre des feuillages touffus, traités avec une minutieuse sécheres-

---

(1) Ce chapiteau a 0^{m}38 de hauteur.

(2) Haut de 0^{m}39.

(3) Même hauteur.

(4) Haut de 0^{m}36.

(5) Conf. Gsell, *Musée de Tébessa*, pl. VII, fig. 1 (et p. 48-49).

(6) Haut de 0^{m}39.

se [1]. Les chapiteaux que nous venons de mentionner datent, au plus tôt, du IVe siècle ; le dernier est vraisemblablement du ve [2].

Il n'y a, dans la partie postérieure de la nef, rien qui marque l'existence d'une clôture, limitant un espace réservé, et aucune trace n'est restée de l'autel. Cependant on a trouvé de ce côté quelques fragments de fûts et deux petites bases de colonnes, à socle assez élevé [3], qui ont pu faire partie d'un *ciborium* ; l'une de ces bases a été taillée dans un autel païen [4].

En arrière du vaisseau central, s'ouvre, en pleine largeur, une salle rectangulaire, réservée au clergé. Le sol paraît avoir été 0m30 environ au-dessus de celui de la nef [5]. Des murs, il reste trois ou quatre assises en pierres de taille, qui étaient sans doute surmontées de parois en moellons, avec des chaînes. Une toiture couvrait ce *presbyterium* ; on s'était épargné la dépense d'une abside, coiffée d'une voûte en cul-de-four.

Le fond de la salle était isolé par une clôture, grille ou barrière en bois, avec un passage au milieu [6]. Contre le mur postérieur, deux pierres plates, posées l'une sur l'autre [7], constituaient peut-être un socle pour le siège épiscopal.

Au fond du bas-côté droit, un escalier de trois marches précède une baie, communiquant avec l'extérieur [8]. Dans l'autre bas-côté, le mur du fond présente une interruption qui semble être accidentelle : je doute qu'il y ait eu là une porte.

Dans la ruine et aux abords immédiats, on a recueilli d'assez nombreuses inscriptions chrétiennes, gravées sur des tables funéraires [9]. Quelques-unes sont intéressantes : l'épitaphe de l'évêque Placentinus, qui assista à la confé-

---

(1) Conf. Gsell, *ibid.*, pl. VII, fig. 3 (et p. 48) ; le même, dans *Atti del IIo Congresso di archeol. cristiana*, p. 200, fig. 3, et p. 201, n. 2 et 3.

(2) Conf. *Atti*, p. 200.

(3) Diamètre 0m24 et 0m26.

(4) *I. L. A.*, 2062 ; conf. *supra*, p. 121, n. 6. — Un petit fût à cannelures torses, haut de 0m82, découvert au milieu de la nef, a pu être un support de bénitier, ou bien un pied d'autel. Mais il est plus probable que l'autel était en bois.

(5) Sur le devant, court un bandeau en grossières pierres de taille.

(6) Sur le bandeau qui subsiste à cet endroit, on voit deux mortaises, dans lesquelles s'encastrait la porte.

(7) Hautes de 0m12 et de 0m14.

(8) Qui est à un niveau plus élevé que le fond de l'église, creusé dans un terrain en pente : conf. p. 121.

(9) Voir *I. L. A.*, depuis le no 2757, *passim*.

rence religieuse de Carthage en 411 et vécut jusqu'à 86 ans [1]; celles de clercs qui furent relégués à Madaure et y moururent vers le début de la domination byzantine [2]; des épitaphes en vers, en bien mauvais vers [3]. La foi catholique des défunts est, à plusieurs reprises, affirmée, dans l'intention évidente de répudier toute solidarité avec schismatiques ou hérétiques [4]. Ceux de ces textes qui peuvent être datés s'échelonnent sur trois siècles, du IVᵉ au VIᵉ [5].

Çà et là, dans le sous-sol de la basilique, des ossements ont été rencontrés, mais aucune tombe ne s'est présentée intacte, surmontée de sa table. Ces tables gisaient dans des positions diverses, hors de leur emplacement primitif. Il est donc impossible d'établir des rapports chronologiques entre elles et l'église. Qu'il y ait eu des sépultures chrétiennes là où elle fut construite, cela n'est guère douteux [6]; l'une d'elles a dû fournir la table que l'on a transformée en base de colonne. Du reste, cette basilique n'a pu être qu'une *basilica cimiteriale*, comme diraient les archéologues italiens. Elle fut très vraisemblablement élevée au lieu où avaient été mis en terre un ou plusieurs saints. Peut-être, pour lui faire place, bouleversa-t-on bon nombre de tombes, dont les débris servirent aux maçons. D'autres purent être respectées. Il est permis de supposer qu'ensuite, des chrétiens tinrent à honneur d'être ensevelis dans ce sanctuaire; qu'enfin, toutes ces sépultures furent dévastées, par des musulmans, si l'on veut. L'église elle-même, à en juger par les chapiteaux employés dans les colonnades, n'est pas antérieure au Vᵉ siècle [7].

---

(1) *Ibid.*, 2757. Conf. *supra*, p. 52.

(2) Nᵒˢ 2759-2761. *Supra*, p. 52.

(3) Nᵒˢ 2768, 2770-4, 2775, 2777.

(4) Nᵒˢ 2757 (épitaphe de Placentinus), 2762 (épitaphe d'un prêtre), 2759 et 2760 (épitaphes de prêtres exilés). Conf. *supra*, p. 52, n. 8, 9, 12.

(5) Du IVᵉ siècle : nᵒ 2774. De la première moitié du Vᵉ : nᵒ 2757, probablement aussi nᵒ 2794. De la seconde moitié du Vᵉ, ou bien du VIᵉ (comme l'atteste la croix monogrammatique) : nᵒˢ 2767, 2768, 2771, 2772, 2779, 2792, 2800, 2810. De 539 après J.-C. : nᵒ 2761. De 540 : nᵒ 2759. De la même époque, à peu près : nᵒ 2760.

(6) A 25 mètres à l'Est de l'église, on a dégagé un mausolée, qui a pu être fait pour une chrétienne (voir p. 22, n. 10). Il est d'une construction soignée et ne doit pas être postérieur au IVᵉ siècle.

(7) Vers l'entrée de la nef, a été trouvé un morceau d'une plaque, épaisse de 0ᵐ17, qui, quand elle était complète, avait environ 0ᵐ54 de hauteur et de largeur. On y a sculpté une grande croix grecque pattée, accostée de l'α et de l'ω ; sur la branche horizontale, sont posés deux oiseaux, sans doute des colombes, se faisant face et tenant une feuille dans leur bec ; au milieu de la croix, un double cercle enferme une autre croix grecque. Ce bas-relief est du VIᵉ siècle, mais il a pu être

III

La forteresse byzantine [1] est une admirable ruine, dont les parties exposées depuis quatorze siècles à l'air et au soleil ont pris une belle couleur dorée. Débarrassée de l'épaisse couche de terre qui l'avait envahie, elle se dresse par endroits à une hauteur d'une dizaine de mètres. Voir le plan, pl. xxii (conf. pl. xvii) ; des coupes, pl. xxiii ; des vues, pl. ix, x, xi, xi [bis], et aussi pl. i, ii (fig. 1) et iii (fig. 1).

Nous avons dit [2] qu'elle fut en partie élevée sur le forum, où les constructeurs trouvèrent des matériaux en abondance et qu'ils exploitèrent sans aucun ménagement ; les pauvres débris qui restent de la place et des édifices voisins n'ont été épargnés que pour des raisons tout à fait étrangères à l'esthétique, soit parce qu'ils pouvaient être utilisés au lieu même et dans l'état où ils se trouvaient, soit parce qu'ils étaient impropres à servir, soit parce que des décombres les avaient déjà ensevelis.

Dans le plan primitif, le *castellum* devait former, sur un terrain s'inclinant au Nord-Ouest, un rectangle de 42 mètres de large sur 66 de long, les petits côtés étant orientés du Sud-Ouest au Nord-Est, les grands du Sud-Est au Nord-Ouest (pour abréger, je dirai désormais Sud, Nord, Est et Ouest). Il devait avoir une entrée dans un bastion, au milieu d'un des petits côtés, à l'Est ; des tours carrées, faisant saillie aux angles ; très probablement aussi une autre tour carrée au milieu de chacun des côtés longs. Le front méridional aurait englobé, sur une dizaine de mètres, une partie des murs du théâtre.

Mais ce plan ne fut complètement exécuté que pour la face orientale, avec le bastion et les deux tours d'angle, et pour un peu plus du quart des faces septentrionale et méridionale. On n'avait mis en place que les

---

placé dans un édifice qui aurait été plus ancien. Cependant, s'il était encastré dans la façade, il serait plus probable qu'il en était contemporain, et cette fragile hypothèse nous amènerait à dater l'église de l'époque byzantine.

(1) Sur cette forteresse avant les fouilles, voir Diehl, *Nouvelles Archives des missions*, IV, 1893, p. 344-350 ; pl. vii-xi (conf. le même, *L'Afrique byzantine*, p. 162, n. 5, et pl. vii ; *Justinien*, p. 229, fig. 86) ; — Gsell, *Rec. de Constantine*, XXXII, 1898, p. 281-4 ; le même, *Monuments antiques de l'Algérie*, II, p. 378-383 ; fig. 165 ; pl. c et ci.

(2) P. 58.

premières assises du reste de la face méridionale, d'une partie de la face occidentale [1] et de la tour d'angle [2] entre ces deux faces [3], quand on se décida à donner à la forteresse des dimensions plus modestes. Une situation militaire inquiétante, qui put même devenir critique, exigeait sans doute le prompt achèvement de cet ouvrage défensif [4]. On se servit du théâtre pour constituer un nouveau front occidental. Les baies d'accès de cet édifice furent bouchées ; des murs, rebâtis ou renforcés dans les salles flanquant la scène ; la galerie courbe intérieure fut comblée et les deux murs qui la bordaient devinrent les bases des parois extérieure et intérieure du rempart [5]. On utilisa le mur postérieur d'un temple romain pour relier au théâtre la partie de la courtine septentrionale qui était déjà construite et qui passait par-dessus le mur de droite de ce même temple [6] (voir pl. XI, fig. 2).

Ce qui a été exécuté avant la modification du plan, — front oriental, tours Nord-Est et Sud-Est, front septentrional, — est d'un travail soigné et compte parmi les meilleurs ouvrages des Byzantins en Afrique. La hauteur des assises varie, mais les lits forment des lignes régulières ; les joints s'agencent

---

(1) Sur une longueur de 18 mètres. Derrière cette face, on avait commencé à construire deux bastions rectangulaires, larges de 4 mètres (le plus septentrional est incomplet dans sa largeur), distants de 2^{m}42. On devait sans doute en élever deux autres plus au Nord. Ces bastions intérieurs très rapprochés constituent une exception dans l'architecture militaire byzantine. La courtine ne semble pas avoir été commencée au delà du second bastion dans la direction du Nord : le mur barbare qu'on a retrouvé là (en traits croisés sur le plan de la pl. XVII) n'est pas de cette époque. Rien n'indique non plus qu'on eût commencé les fondations de la tour qui devait occuper l'angle Nord-Ouest.

(2) Cette tour n'est pas de biais, comme je l'avais cru avant les fouilles.

(3) Autant que les vestiges conservés permettent d'en juger. Il se peut qu'après avoir pris la résolution de modifier leur plan, les Byzantins soient allés puiser des matériaux dans les parties déjà construites, qui devenaient inutiles, puisqu'elles devaient rester en dehors du nouveau tracé adopté.

(4) Je ne suis plus disposé à admettre, comme je l'avais fait jadis, qu'on ait exécuté entièrement le premier plan et que, plus tard, la forteresse ayant été partiellement détruite, on l'ait remise en état de défense, en la réduisant beaucoup. Si les Byzantins avaient élevé leur *castellum* d'après leur plan primitif, ils auraient eu besoin d'une quantité énorme de pierres et n'auraient rien laissé subsister du théâtre, qui leur offrait tant de matériaux et qui, d'ailleurs, aurait encombré le milieu de la forteresse. On ne s'expliquerait pas comment, de la partie de cette forteresse qui aurait été détruite, il ne serait resté que de si faibles traces, car le nombre des pierres de taille qui y auraient été employées eût dépassé de beaucoup le nombre de celles dont les restaurateurs auraient eu besoin. Il s'agit donc d'une modification de plan opérée en cours d'exécution.

(5) Pour ces aménagements des Byzantins, v. *supra*, p. 81 et suivantes.

(6) V. *supra*, p. 69.

avec précision. Quand ce plan fut abandonné, on procéda d'une manière plus expéditive. Le retour du front septentrional sur le théâtre est encore bon. Mais, sur le front méridional, le bas seul, sans doute construit auparavant, offre un aspect satisfaisant. Le rempart élevé sur la courbe du théâtre est franchement mauvais, à tel point que nous pouvons nous demander si nous ne sommes pas en présence d'une réfection tardive.

Selon le procédé usuel chez les Byzantins, les murs sont constitués par deux parois en grand appareil, encadrant un noyau où l'on a entassé des pierres de taille, des moellons, des colonnes, etc., noyés dans du mortier. Il y a de tout dans les matériaux de cette forteresse : des débris d'architecture, corniches, architraves, fûts, chapiteaux, bases ; des morceaux de portes, de pressoirs ; des bas-reliefs ; des frises, dés, autels, stèles, tables portant des inscriptions sacrées et publiques, des épitaphes païennes et chrétiennes. L'épaisseur des murs est variable : entre 1^{m}45 et 2^{m}20 [1] ; au-dessus du théâtre, elle atteint 2^{m}80, ce qui s'explique par l'emploi des deux murs romains formant les parois de la galerie circulaire.

Le front oriental, qui s'étend sur une longueur de 52 mètres (tours comprises), est, dans sa partie septentrionale, établi sur l'aire même du forum : voir pl. I, IX, X (fig. 1). L'entrée, un peu plus rapprochée de la tour Nord-Est que de l'autre, se trouve sur l'emplacement du portique Sud de la place (pl. XI bis, les deux vues d'en bas).

Elle s'ouvre entre deux avancées, larges de 2 mètres et 2^{m}10, distantes de 3^{m}90, l'ensemble formant une sorte de bastion saillant, de 8 mètres de largeur sur 7^{m}10 de profondeur. Cette entrée consiste en deux passages voûtés, au sol dallé, précédés l'un et l'autre d'une porte, et en une petite cour [2], qui relie les deux passages. Au-dessus des voûtes, des murs pleins s'élevaient jusqu'à la hauteur des deux avancées et de la muraille orientale de la forteresse [3] : la cour était donc au fond d'une véritable cheminée, et les ennemis qui auraient

---

[1] Souvent, dans les forteresses byzantines, les murs des tours sont moins épais que ceux des courtines. A Madaure, si les tours Nord-Est et Sud-Est ont des épaisseurs de 1^{m}45 à 1^{m}60, on trouve 2 mètres et 2^{m}20 pour la tour Sud-Ouest, dont, seules, les assises inférieures ont été construites (peut-être avait-on l'intention de mettre en retrait le mur qui devait s'élever sur ces assises). La muraille Est est épaisse d'environ 1^{m}80 à la base ; la muraille Nord, de 1^{m}75 à 1^{m}90 ; le retour entre cette muraille et le théâtre, de 2^{m}15 ; la courtine Sud, de 1^{m}80, et même de 2^{m}10 au Sud-Ouest, dans la partie non achevée ; la courtine inachevée de l'Ouest, de 2^{m}20.

[2] Large de 3^{m}90, profonde de 2^{m}70.

[3] Le mur surmontant le second passage faisait, à proprement parler, partie de cette muraille.

réussi à y pénétrer, après avoir forcé le premier passage, auraient pu être accablés de projectiles de quatre côtés à la fois.

La baie qui donne sur le dehors est haute de 3ᵐ20. Le linteau, constitué par trois claveaux dont les joints sont taillés en biseau [1], est orné d'une grande croix monogrammatique, flanquée de l'α et de l'ω et entourée d'un cercle, le tout en relief [2]. Le devant de la voûte du premier passage forme arc de décharge au-dessus. Plus haut, a été encastrée dans le mur une grande table en pierre [3], portant la dédicace du *castellum* [4] (pl. xɪ bis, en haut [5]). L'inscription est bilingue, grecque et latine. Nous donnons ici le texte latin, moins mutilé que le texte grec ; sauf au début, les restitutions sont certaines : « Cum [Dei nutù h(a)ec civitas] (a)edificata est, temporibu[s piissim(orum) dominor(um) nos]trorum Iustiniani et Theo[dorae, providentia S]olomonis, glorio[siss(imi)] ex consu[le, magistri militu]m et praefecti Af[r]i[c]ae.» Solomon gouverna l'Afrique à deux reprises, de la fin de l'année 534 à la fin de 536, puis de 539 à 544. Notre dédicace date très vraisemblablement de la première de ces deux périodes, Solomon n'y portant pas encore le titre de *patricius*, comme sur les inscriptions de son second gouvernement [6]. Vers 536, la construction de la forteresse de Madaure était donc suffisamment avancée pour qu'on ait pu placer cette table à plus de cinq mètres au-dessus du sol.

Derrière le seuil de la baie, le dallage est creusé de feuillures, paraissant indiquer qu'on dressait, en cas de besoin, une armature contre les vantaux, pour leur permettre de mieux résister à des coups violents, portés du dehors. Dans les montants, à une hauteur de 1ᵐ30, deux trous carrés [7] pouvaient recevoir une poutre qui, placée transversalement, remplissait le même office. Au

---

(1) Comme divers linteaux des thermes : conf. *supra*, p. 93, n. 5.

(2) *I. L. A.*, 2814bis, nᵒ I.

(3) Longue de 3ᵐ10, haute de 1ᵐ02.

(4) *I. L. A.*, 2114.

(5) Photographie que j'ai prise avant les fouilles.

(6) Diehl, *Nouv. Arch. des missions*, IV, p. 349, et *Afrique Byzantine*, p. 73-74. M. Diehl fait remarquer que, lors de son second gouvernement, Solomon était qualifié de *bis praefectus*. Mais on a maintenant un exemple certain de l'omission du mot *bis* : Diehl, *Bull. archéol. du Comité*, 1911, p. cc (inscription de 539-540).

(7) De 0ᵐ22 de côté. Celui du Sud est profond d'au moins 0ᵐ30, celui du Nord ne l'est pas autant. Quand on voulait placer la poutre, on l'enfonçait d'abord dans le trou du Sud, puis on la ramenait sur la gauche pour la faire entrer dans le trou du Nord.

17

delà de la cour, la porte qui précède le second passage offre des dispositions analogues[1].

Outre cette entrée, une poterne[2] s'ouvre sur la face occidentale, près de l'angle formé par le rempart byzantin et le théâtre, incorporé à ce rempart. Elle était donc flanquée : des assaillants qui auraient cherché à forcer le passage se seraient exposés à recevoir des projectiles par-devant et sur leur droite.

Sur les faces orientale et septentrionale et sur le retour de celle-ci vers le théâtre[3], la muraille devient moins épaisse[4] à partir de 2ᵐ80 au-dessus du sol du forum. Il y a à ce niveau, du côté de l'intérieur de la forteresse, une sorte d'épaulement[5], sur lequel se dressent, adossés au mur, des piliers ou, si l'on veut, des contreforts, larges de 1ᵐ25 à 1ᵐ35, distants de 2ᵐ50 à 2ᵐ80 (voir pl. ɪɪ, fig. 1 ; ɪɪɪ, fig. 1 ; xɪ, fig. 1 ; xxɪɪɪ). Reliés en haut par des arcs, ils portaient un chemin de ronde, passant à une hauteur d'environ 11ᵐ50, en arrière des créneaux qui surmontaient la paroi antérieure de la courtine[6]. Un de ces arcs, aujourd'hui écroulé, se voyait naguère au Nord de l'entrée[7].

La tour Nord-Est s'élève encore à près de neuf mètres. On pénétrait dans le rez-de-chaussée par une petite baie[8], dont le linteau est surmonté d'un arc de décharge, puis par un couloir, disposé obliquement dans l'épaisseur du mur. Comme l'indiquent les feuillures du cadre, la porte en bois s'ouvrait vers

---

(1) Mêmes trous carrés dans les montants pour l'insertion d'une poutre. Derrière le seuil, trous pour les gonds d'une porte à deux vantaux. Le linteau qui surmontait la baie est en majeure partie brisé.

(2) Large de 1ᵐ15, haute de 1ᵐ60, surmontée d'un arc de décharge. Elle se voit sur la pl. XI, fig. 2.

(3) L'ordonnance que nous allons décrire existait-elle aussi sur la face méridionale, entre la tour Sud-Est et le théâtre ? La coupe de la pl. XXIII (en bas, à droite) indique le bas d'un contre-fort. Je ne l'ai pas vu ; il m'a semblé, au contraire, que le mur, d'ailleurs mal conservé, ne présentait pas d'épaulement. J'ai dit que, seules, les assises inférieures de ce mur sont d'un travail soigné. Quand on se décida à terminer la forteresse au plus vite, on renonça peut-être, pour la face méridionale, à ce système de contreforts et d'arcades. Un mur à double parement, d'épaisseur uniforme de bas en haut, exigeait un peu plus de matériaux, mais était plus facile à exécuter et aussi propre à porter le chemin de ronde derrière les créneaux.

(4) Sauf aux endroits où se trouvent les contreforts.

(5) Large de 0ᵐ70.

(6) A Guelma, le chemin de ronde était également porté par des arcs : Gsell, *Mon. antiques*, II, p. 364-5. A Haïdra, les contreforts sont reliés les uns par des arcs, les autres par des linteaux : Diehl, *Afrique byzantine*, p. 196 (citant Saladin).

(7) Voir Diehl, *Nouv. Arch. des missions*, IV, pl. vɪɪɪ et ɪx.

(8) Haute de 1ᵐ72, large de 0ᵐ80.

l'intérieur de la tour. Au-dessus, se trouve l'entrée du premier étage (voir pl. XI, fig. 1) ; on y parvenait sans doute par un escalier extérieur et un balcon en bois. Ici, le couloir oblique précède la baie, et le vantail s'ouvrait vers le dehors. Une pierre cintrée, sur laquelle sont sculptés des bustes de Pluton et de Coré [1], surmonte le linteau et forme décharge : il est superflu d'ajouter que les Byzantins l'ont trouvée toute faite.

A l'intérieur de la tour, le plancher du premier étage devait être porté par des poutres, dressées aux angles du rez-de-chaussée, et par des traverses, les reliant, car, dans les murs, il n'y a pas de mortaises pour recevoir des extrémités de solives. A environ 1^{m}50 au-dessus de la baie supérieure et à 7^{m}80 environ du sol du forum, sont encastrées, dans les parois Sud et Nord, des corniches, prises ailleurs, dont la saillie supportait sans doute le plancher du second étage. A cet étage, on montait évidemment par un escalier intérieur en bois. Les parois supérieures de la tour n'existent plus. Un autre escalier menait au troisième étage, qui communiquait avec le chemin de ronde, établi au même niveau. Par-dessus s'étendait une plate-forme crénelée [2].

La tour Sud-Est est beaucoup moins bien conservée. On ne voit que la porte du rez-de-chaussée, en arrière d'un court passage [3]. La baie, haute seulement de 1^{m}55, est surmontée d'un arc de décharge ; le vantail s'ouvrait vers le dehors.

A l'intérieur de la forteresse, le sol, exhaussé par de la terre et des décombres, était un peu plus élevé que l'aire du forum [4]. Le seuil de la poterne voisine du théâtre est à 0^{m}65 au-dessus de cette aire ; celui de la porte inférieure de la tour Nord-Est, à 0^{m}80 [5] ; il est vrai qu'ils formaient peut-être marche.

L'espace clos par l'enceinte du *castellum* était trop peu étendu pour qu'on pût l'encombrer de bâtiments. On y aménagea cependant quelques locaux, servant d'habitations ou destinés à d'autres emplois. A l'angle Nord-Ouest, le bas du vieux temple put être utilisé. Une salle [6], dont les murs sont grossièrement construits en pierres de taille (avec des fragments d'ar-

---

(1) V. *supra*, p. 39.

(2) En règle, les tours s'élevaient plus haut que les courtines. A Tébessa, elles atteignent 17 mètres.

(3) Qui n'est pas oblique, comme dans l'autre tour.

(4) Dans l'entrée principale, le dallage est à peu près au niveau du portique méridional de la place.

(5) Le seuil de la salle qui précède cette tour, à 0^{m}65.

(6) Mesurant intérieurement 3 mètres sur 2^{m}55.

chitecture romaine) et dont l'entrée est au Sud, vint s'insérer dans l'angle Nord-Est, devant l'entrée de la tour. Nous avons signalé [1], à sept mètres en arrière du portique méridional du forum, un petit édifice de bonne époque, qui était peut-être un sanctuaire. Les Byzantins paraissent en avoir fait une salle, en avant de laquelle ils en élevèrent une autre, plus grande [2], précédée d'un vestibule dallé, dont le front occupe probablement l'emplacement du fond du portique [3]. Derrière le théâtre, en contre-bas du forum, une chambre rectangulaire, cave ou prison, fut appliquée, à l'Ouest contre les fondations du mur postérieur de la scène, au Nord contre une grosse muraille romaine, qui était, croyons-nous, le soubassement d'une des parois d'un temple [4]. Pour la clore sur les deux autres côtés, on construisit de mauvais murs ; dans celui du Sud, on ménagea une porte basse et étroite [5]. Un escalier de dix marches permit d'y descendre [6].

Sous la muraille Nord, auprès du temple dont les assises inférieures furent encastrées dans le rempart passe un couloir, dont le plafond est fait de dalles, de blocs, de fûts de colonnes. Il se prolonge sous terre en dehors de la forteresse et, après un parcours d'une trentaine de mètres, aboutit à un puits. En cas de siège, on pouvait aller y chercher de l'eau, sans être vu des ennemis ; il est évident que l'orifice du puits était également caché.

J'ai reconnu jadis [7], autour du *castellum,* l'existence d'une enceinte irrégulière, qui en était éloignée de 25 à 50 mètres. Les fouilles l'ont fait disparaître. Très grossière, elle consistait en un mur, large de 0m90, présentant, soit deux rangées accolées de pierres de taille, soit une seule, doublée en arrière par des moellons. A l'Ouest, on y avait incorporé les assises de la tour et de la courtine qui étaient déjà construites lors de l'abandon du plan primitif. Ce rempart, sans doute assez bas, devait protéger des habitations, groupées sous la forteresse comme des maisons de manants au pied d'un château féodal. Des enceintes analogues ont été constatées à Tébessa et à Gadiaufala [8].

---

(1) P. 63.

(2) Dont les murs, fort mauvais, décèlent la date.

(3) Seuils en place (avec des mortaises de fermeture) dans le mur antérieur de la salle byzantine et dans celui du vestibule. Ils ne sont pas vis-à-vis l'un de l'autre.

(4) Voir p. 69.

(5) Haute de 1m07, large de 0m50-0m66 (elle s'évase).

(6) Conf. p. 63, n. 5.

(7) Gsell, *Mon. antiques,* II, p. 382-3.

(8) *Ibid.,* p. 357, 369.

NOTE ADDITIONNELLE AU PREMIER FASCICULE

(KHAMISSA)

J'ai omis d'indiquer que, dans le petit sanctuaire situé au Nord-Ouest de la *platea vetus* et décrit p. 66-67, Chabassière a découvert une base, portant une dédicace à la *Fortuna redux* d'un empereur [1]. La statue, élevée par les soins d'un vétéran qui était devenu édile à Thubursicu, coûta 5.000 sesterces. Cette inscription paraît avoir été détruite.

Les anciens considéraient sans doute l'Aïn el Youdi comme la source du fleuve Bagrada (la Medjerda). A la p. 95 du fascicule relatif à Khamissa, on lit : « Des inscriptions assez nombreuses prouvent que, souvent en Afrique, Neptune a été adoré comme un dieu protecteur des sources. Nous ignorons s'il en fut de même à la source du Bagrada. » Et à la p. 96 : « A l'Est du bassin rectangulaire [qui recevait les eaux de l'Aïn el Youdi], un escalier de neuf marches, en pierres de taille, large de 8^m50 (fig. 34), précède un soubassement de même largeur, qui devait porter un grand édifice, probablement un temple. »

Des fouilles faites en 1915 sur ce point (voir le petit plan d'ensemble à la fig. 19, réduction de la pl. x du fascicule de Khamissa) ont prouvé qu'il y avait là un temple de Neptune [2]. Nous en donnons le plan à la fig. 20 et deux vues à la pl. xxiv.

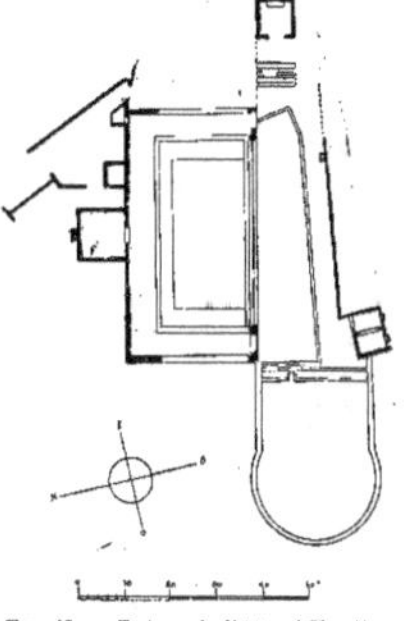

Fig. 19. — Ruines de l'Aïn el Youdi, à Khamissa.

L'escalier, large de 8^m40, avait onze marches. Il conduisait à un *pronaos*, profond de 4^m50, qui devait offrir un front de quatre colonnes ; rien n'en subsiste. La *cella* a des murs de construction

---

(1) *C. I. L.*, VIII, 4874 = *I. L. A.*, 1223, où l'on trouvera des indications sur le lieu de la découverte. L. 1-2, lire probablement : *Fortunae reduci Aug(usti)*, non *Aug(ustae)*.

(2) Conf. Ballu, *Bull. archéol. du Comité*, 1916, p. 196-8.

médiocre, en moellons avec des chaînes en pierres de taille. Épais de 0ᵐ75–0ᵐ80,— de 1 mètre par derrière, où la paroi est double [1],— ils sont conservés à une hauteur de trois mètres au fond, moins bien sur les côtés et fort mal par devant. On a recueilli des débris d'une corniche en pierre calcaire, haute de 0ᵐ28, qui courait au sommet de ces murs et de l'entablement porté par les colonnes du *pronaos*. La salle, qui s'ouvrait par une large baie [2], a gardé un bon dallage en marbre gris. Au fond, un grand socle, large de 3ᵐ20, profond de 0ᵐ80, haut de 1ᵐ40, était, comme les parois de la *cella*, plaqué en marbre blanc [3].

C'est au pied de ce socle que gisait une statue colossale de Neptune, aujourd'hui au théâtre romain de Guelma (fig. 21) [4]. Le dieu a pour tout vêtement un manteau, jeté sur l'épaule gauche, passant derrière le dos et ramené sur l'avant-bras droit. De sa main gauche levée, il tenait certainement un trident, et il est très vraisemblable que la main droite tenait un petit dauphin. Il est accompagné d'un dragon [5]. Cette œuvre doit dater du second siècle de notre ère. C'est une copie très correcte, mais assez molle, d'un original qui, pour l'attitude et les proportions du corps, s'est inspiré de Polyclète, tan-

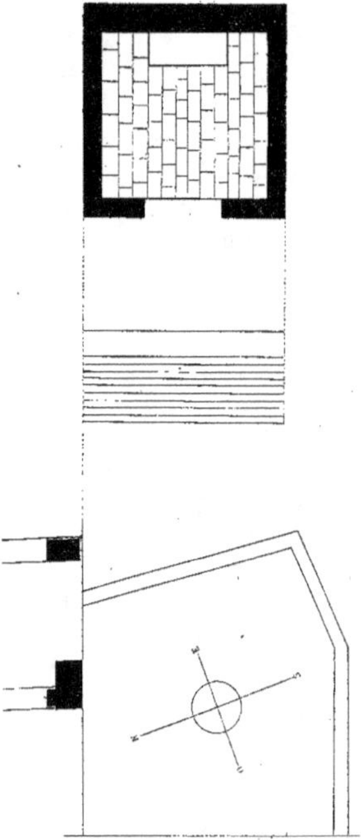

Fig. 20. — Temple de Neptune, à Khamissa.

(1) La pente est rapide au-dessus. Derrière le temple, une rue passe en biais.

(2) La porte avait 2ᵐ80 de large, y compris les chambranles, qui ont disparu.

(3) Des fragments de deux petites corniches ont appartenu à cette décoration.

(4) Hauteur 2ᵐ66. Manquent le bras gauche avec la main, la main droite (brisée dès l'antiquité et rajustée à l'avant-bras par un tenon), le membre viril, le devant du pied gauche. Le nez et deux doigts du pied droit sont endommagés. La tête du dragon fait défaut.

(5) Pour la restitution de la tête de cet animal, conf., par exemple, Doublet, *Musée d'Alger*, pl. XVI.

dis que la tête paraît se rattacher à l'école attique du IVe siècle. Le visage, encadré d'une longue chevelure et d'une barbe ondulées, a une expression sérieuse, mais non pas la gravité profonde de certains autres Neptunes, en particulier de celui qui a été trouvé à Cherchel[1]. Cette statue de Cherchel, probablement plus ancienne que la nôtre, est d'un travail plus ferme, plus nerveux. A Khamissa même, on a recueilli, dans une piscine des thermes situés au Nord-Ouest du *forum novum,* un second Neptune[2], plus petit, d'un autre type : œuvre d'une exécution fort habile, mais à laquelle on peut reprocher aussi de manquer de fermeté, défaut fréquent dans la sculpture à l'époque des Antonins.

---

(1) Doublet, *l. c.,* pl. VIII.
(2) Inédit.

Fig. 21. — Statue de Neptune,
trouvée à Khamissa.